KARIN KUPPIG

EIMSBÜTTELBUCH

MIT EIDELSTEDT, HOHELUFT–WEST, LOKSTEDT,
NIENDORF, SCHNELSEN, STELLINGEN

JUNIUS

SCHNELSEN

EIDELSTEDT **6** NIENDORF

4

LOKSTEDT

STELLINGEN **5**

3 HOH

1

EIMSBÜTTEL-ZENTRUM

2

EIMSBÜTTEL-SÜD

EINLEITUNG

Das Kerngebiet Eimsbüttels ist schon seit Langem nahtlos mit Hamburg zusammengewachsen. An seinen nördlichen Rändern ist der Übergang zu den äußeren Stadtgebieten jedoch spürbar: an der U-Bahn-Haltestelle Lutterothstraße etwa oder am Ende des Langenfelder Damms, wo die geschlossene Blockrandbebauung zu einer offeneren Bauweise wechselt. Für viele Städter beginnt an diesen Punkten die »graue Vorstadt« und für viele Bewohner aus den umliegenden Stadtteilen die enge, volle City ohne Parkplatzmöglichkeiten und Grünflächen. Zu einem Wechsel dieser Perspektiven und zur Erweiterung des Stadthorizonts über gewohnte Grenzen hinweg will dieses Buch Leser mit beiderlei Blickrichtung ebenso wie alle Hamburger und die Besucher der Stadt einladen.

Bis auf Hoheluft-West waren die heutigen Stadtteile des Bezirks Eimsbüttel einst Bauerndörfer vor den Toren Hamburgs. Für einige von ihnen sind sogar frühgeschichtliche Ansiedlungen nachgewiesen. Die Dörfer Niendorf, Lokstedt, Schnelsen sowie Eidelstedt und Stellingen gehörten den Schauenburger Grafen und gingen als Teil der Herrschaft Pinneberg 1640 in den Besitz des dänischen Königs über. Das Gelände bestand zu dieser Zeit hauptsächlich aus Wiesen, Feldern und Sumpflandschaften. Als Folge des deutsch-dänischen Kriegs waren die Gemeinden 1864 preußisch geworden, und Stellingen sowie Eidelstedt wurden 1927 gegen ihren Willen in das ebenfalls preußische Altona eingemeindet. Mit dem Groß-Hamburg-Gesetz erfolgte 1937 der Zusammenschluss aller fünf Gemeinden mit Hamburg.

Der Stadtteil Eimsbüttel entwickelte sich aus drei Bauernhöfen, die etwa am westlichen Abschnitt des Heußwegs standen. Bis 1830, fast fünfhundert Jahre lang, war »Eymersbuttele« im Besitz eines Klosters, was die Hamburger Oberschicht jedoch nicht daran hinderte, hier und in Lokstedt ihre Landsitze zu errichten, bis Bodenspekulanten ab 1860 damit begannen, Mietskasernen für die Arbeiterschaft hochzuziehen. Um 1900 war Eimsbüttel der am dichtesten besiedelte Stadtteil Hamburgs. Und daran hat sich bis heute nicht viel geändert. Die rund 250 000 Einwohner im flächenmäßig kleinsten Bezirk machen rund 14 Prozent der Hamburger Bevölkerung aus, bewohnen aber nur 6,6 Prozent der Gesamtfläche Hamburgs.

Der Kernbereich Eimsbüttels ist als Wohnstandort sehr beliebt, jedoch offenbar nicht bei jenen Trendsettern, die gleich die Szene nachziehen. Eines der auffallendsten Merkmale des Stadtteils ist die Normalität, die

DAS BAUERNDORF EIMSBÜTTEL

6 Eimsbüttel und seine Bewohner nach wie vor ausstrahlen. Viele junge Menschen und Familien schätzen die zahlreichen Altbauwohnungen und die gewachsene Mischung aus Wohnen, Arbeiten und Gewerbe in dem nur ansatzweise gentrifizierten Bezirk. Hier gibt es kaum heruntergekommene Ecken, aber auch keinen überkandidelten Schick. Obwohl der gefühlte Kinderanteil im Stadtteil hoch ist, liegt er unter dem Hamburger Durchschnitt, die Zahl der Singlehaushalte hingegen deutlich darüber.

In den nördlichen Stadtteilen überwiegen weitläufig angelegte Wohngebiete mit Einfamilienhäusern, Reihenhäusern und Wohnsiedlungen. Die erschwinglichen Miet- und Grundstückspreise machen Schnelsen, Eidelstedt und Stellingen besonders für Familien aus dem Mittelstand attraktiv. Kaum auf vernünftige Weise in die Stadtteile zu integrieren ist allerdings der seit den 1960er Jahren stetig wachsende Autoverkehr auf den Ausfallstraßen und den Autobahnen.

Während Eimsbüttel seit jeher das Fehlen einer hinreichenden Zahl öffentlicher Parkanlagen zu beklagen hat, gilt Niendorf mit dem Niendorfer Gehege und den vielen privaten Gärten als grünes Viertel. Große Teile des Bezirks werden von der U-Bahn-Linie 2 erschlossen. Seit 1985 fährt die mit der Farbe Rot gekennzeichnete Linie bis Niendorf-Markt und seit 1991 bis Niendorf Nord.

Für die Bewohner und den Stadtspaziergänger haben bestimmte Straßenzüge, spezielle Häuserecken und Gebäudeensembles häufig einen besonderen, durch Gewohnheiten und eigene Vorlieben gefärbten atmosphärischen Reiz. Meistens verbirgt sich hinter diesem Reiz auch ein Ort, der historisch von Bedeutung ist. Der Nutzer dieses Buchs kann neben den im Buch beschriebenen Routen auch seinen Neigungen folgen und eigene Wege gehen – im besten Fall aber werden sich die beiden Wegstrecken überschneiden.

Oftmals sind es gar nicht die dekorativ auffälligen Gebäude, die besonders viel Geschichte zu erzählen haben. Manchmal ist es nur ein Straßenname oder ein unscheinbares, gänzlich überbautes Haus, das mehr über die historischen Zusammenhänge und Verhältnisse aussagen kann als eine imposante Villa. Architektur erhält sehr schnell eine – häufig ungewollte – Patina. Auch zahlreiche Besitzerwechsel tragen dazu bei, dass die zum Teil sehr modernen Vorstellungen der Schöpfer von Gebäuden und Siedlungen schon nach kurzer Zeit kaum mehr zu erkennen sind. Nicht selten ist die Stadtplanung der vorangegangenen Generation schon bei der nächsten Generation völlig in Verruf geraten, obwohl die Städteplaner nur auf akute Bedürfnisse und die Fehler der Väter reagiert haben.

Die sechs verschiedenen Rundgänge durch den Bezirk Eimsbüttel in diesem Buch beziehen neben den offensichtlichen »Highlights« auch heute kritisch bewertete Abschnitte der Bau- und Stadtgeschichte mit ein. In den Exkursen werden spezielle Stadtteilthemen vertieft. Drei Rundgänge erkunden den Kernbereich Eimsbüttels und Hoheluft-West, drei die äußeren Stadtteile. Für die Tour durch Niendorf, Schnelsen und Eidelstedt empfiehlt sich wegen der großen Entfernungen zwischen den Stationen die Mitnahme eines Fahrrades. Jeder Rundgang schließt mit einem Adressteil ab, der eine kleine, subjektiv geprägte Auswahl an Cafés, Restaurants, Hotels und Läden sowie Hinweise zu Sportangeboten und kulturellen und sozialen Einrichtungen im Stadtteil enthält. Am Anfang des Buches verschafft eine Chronik einen Überblick über die Geschichte Eimsbüttels. Die zum Bezirk gehörigen Stadtteile Harvestehude und Rotherbaum werden ausgespart und demnächst mit Eppendorf bzw. Winterhude und Uhlenhorst zusammen in eigenen Bänden dieser Stadtteilreihe beschrieben. Auch das Gebiet um die Belleailliancestraße und die Weidenallee, verwaltungstechnisch ebenso Teile Eimsbüttels, wurde in dieses Buch nicht aufgenommen, sondern dem St.-Pauli- und Schanzenbuch zugeordnet.

CHRONIK

1275	Erste urkundliche Erwähnung Eimsbüttels, das Kloster Herwardeshude kauft ein Stück Land in »Eymersbuttele«.
1339	Graf Adolph VII. von Holstein verkauft das gesamte Dorf »Eymersbuttele« an das Kloster Herwardeshude.
1343	erste urkundliche Erwähnung Niendorfs
1344	erste urkundliche Erwähnung Lokstedts
1347	erste urkundliche Erwähnung Stellingens und Schnelsens
1560	Das Kloster Herwardeshude legt eine Schäferei an (Schäferkamp).
1588	erste urkundliche Erwähnung Eidelstedts
1640	Die Herrschaft Pinneberg, zu der auch Lokstedt, Niendorf, Schnelsen, Stellingen und Eidelstedt gehören, wird dänisch.
AB MITTE 18. JH.	Reiche Hamburger errichten ihre Sommersitze und Landhäuser in Eimsbüttel.
BIS 1769	Niendorf, Schnelsen, Eidelstedt gehören zur St.-Johannis-Kirche in Eppendorf.
1770	Bau der Niendorfer Kirche; Lokstedt, Stellingen-Langenfelde, Eidelstedt, Schnelsen werden in das Niendorfer Kirchspiel eingepfarrt.
1789	Die Landverkoppelung legt die Verteilung von Äckern,

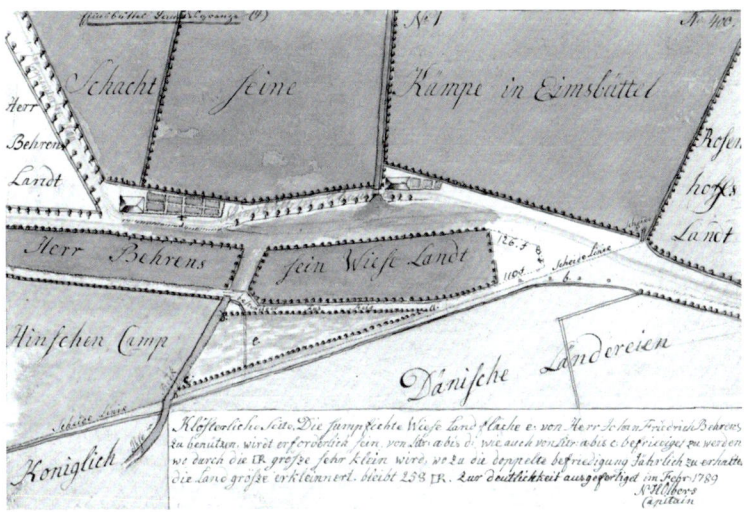

EIMSBÜTTELER CHAUSSEE MIT »IHSEBECK« UND GRENZLINIE ZU DÄNEMARK, 1789

Wiesen, Weiden und Wäldern auf die Landwirte fest.

1811   Eimsbüttel wird von den Franzosen fast vollständig niedergebrannt.

1825   364 Einwohner

1830   Eimsbüttel geht vom klösterlichen in den Hamburgischen Verwaltungsbereich über.

1832   Bau der Altona-Kieler Chaussee

1839   erster Pferdeomnibus

1851   884 Einwohner

1860   Eimsbüttel wird an das Hamburger Siel- und Wassernetz angeschlossen.

1864   Die ersten Straßen werden angelegt, die Herrschaft Pinneberg wird preußisch.

1866   3082 Einwohner

TRÜMMERAUFBEREITUNG AUF DEM EIMSBÜTTELER MARKTPLATZ, 1940ER JAHRE

1874	Eimsbüttel wird ein Vorort von Hamburg.
1882	Bau der Christuskirche, der ersten Kirche Eimsbüttels
1889	Gründung des Eimsbütteler Turnverbands
1891	erste elektrische Straßenbeleuchtung Deutschlands in Lokstedt
1894	Eimsbüttel wird ein Stadtteil von Hamburg, die zweite Kirche Eimsbüttels, die Apostelkirche, wird eingeweiht; 50 521 Einwohner
AB 1898	Als Symbol für die Unteilbarkeit Schleswig-Holsteins werden Doppeleichen gepflanzt.
1907	Eröffnung vom Tierpark Hagenbeck
1913	erster U-Bahn-Verkehr zwischen Schlump und Christuskirche
1925	124 802 Einwohner

1927	Die Dorfgemeinden Lokstedt, Niendorf und Schnelsen verlieren ihre Selbständigkeit und werden durch das preußische Unterelbegesetz zur Großgemeinde Lokstedt zusammengeschlossen; die Landgemeinden Stellingen-Langenfelde und Eidelstedt gehen nach Altona.	**11**
1937	Durch das Groß-Hamburg-Gesetz gehen Altona und die Großgemeinde Lokstedt zu Hamburg.	
1951	Der Bezirk Eimsbüttel mit den Stadtteilen Eimsbüttel, Rotherbaum, Harvestehude, Hoheluft-West, Lokstedt, Niendorf, Schnelsen, Eidelstedt und Stellingen wird eine Hamburger Verwaltungseinheit.	
1951	Eimsbüttel ist als erster Hamburger Bezirk trümmerfrei.	
1953	In Lokstedt werden die Fernsehstudios des NDR eröffnet.	
1957	Der letzte Bauernhof in Stellingen beendet seinen Betrieb; die Stellinger Moschee wird eröffnet.	
1960	Einweihung der Synagoge an der Hohen Weide	
1966	U2 fährt bis Tierpark Hagenbeck	
1970	Beginn des Baus der A7	
1985	U2 fährt bis Niendorf-Markt	
1991	U2 fährt bis Niendorf Nord	
2012	257 064 Einwohner im Bezirk Eimsbüttel	

EIMSBÜTTEL–ZENTRUM

Landhaus Wehber ★ Tornquiststraße/Henriettenstraße ★ Grundschule Tornquiststraße ★ Nachkriegsarchitektur ★ Rellinger Straße ★ Apostelkirche ★ Bunker Sillemstraße ★ »Hamburger Burg« ★ Schule Telemannstraße ★ Osterstraße/Heußweg

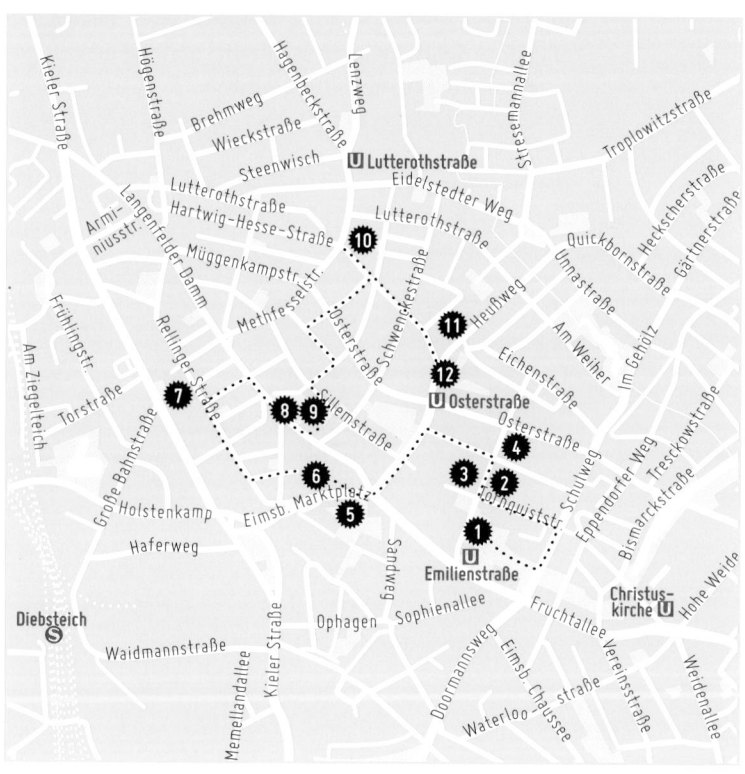

STARTPUNKT: U-Bahnhof Emilienstraße (U2)
ENDPUNKT: U-Bahnhof Osterstraße (U2)
DAUER: etwa 1,5 Stunden

Es ist anzunehmen, dass Eimsbüttel – ähnlich wie die äußeren Stadtteile des Bezirks – schon mehrere hundert Jahre vor der ersten urkundlichen Erwähnung 1275 besiedelt wurde. Im 13. Jahrhundert zählte es zu den kleinsten Dörfern vor den Toren der Stadt Hamburg (vgl. Chronik), und als das Zisterzienserinnenkloster Herwardeshude 1339 dem Grafen Adolf VII. von Holstein-Pinneberg das Dorf samt 290 Hektar Land abkaufte, bestand es lediglich aus drei eigenständigen Vollhöfen und vier kleineren Bauernstellen. 1560 legte das während der Reformation gezwungenermaßen protestantisch gewordene und in ein Damenstift umgewandelte Kloster eine Schäferei an – den heutigen Schäferkamp. Bereits im 17. Jahrhundert entdeckten die reichen erholungsbedürftigen Hamburger Bürger das idyllisch gelegene Dorf an der Isebek als Sommerfrische und errichteten dort ihre von weitläufigen Parkanlagen umgebenen Landhäuser (Abb. 1). Während der napoleonischen Besatzungszeit brannten die französischen

1 DAS LUSTDORF EIMSBÜTTEL MIT DEM SCHÄFERKAMP

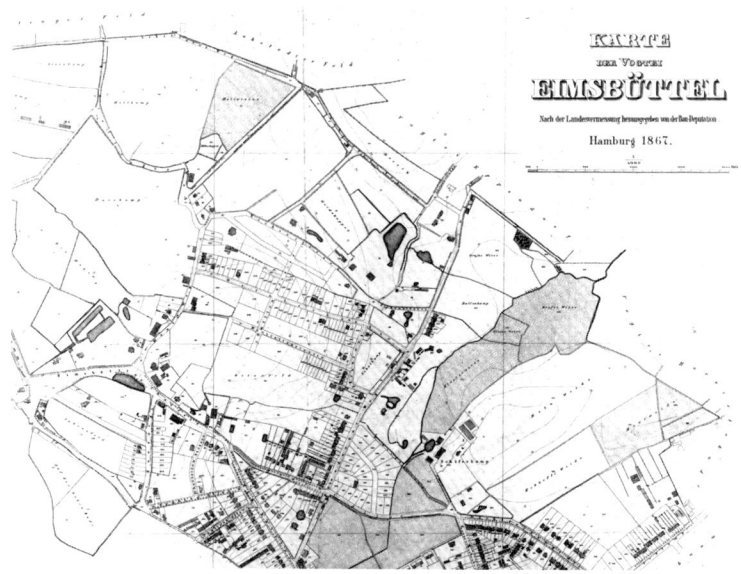

2 EIMSBÜTTEL 1867

Soldaten Eimsbüttel 1811 vollständig nieder, um ein freies Schussfeld auf die Stadt Hamburg zu haben. Doch mit den neuen Landsitzen der Familien Alardus, Doormann, Lappenberg, Lastrop und Lutteroth, nach denen einige Straßen benannt wurden, entwickelte sich Eimsbüttel erneut, wenn auch nur kurz, zum Erholungsgebiet für stadtmüde Hamburger. Bereits 1860, im selben Jahr als die Torsperre aufgehoben wurde, erhielt Eimsbüttel einen Anschluss an das Wassernetz und vier Jahre später eine gasbetriebene Straßenbeleuchtung. Bodenspekulanten legten asphaltierte Straßen an und parzellierten die ehemaligen Acker- und Weideflächen zu bebauungsfertigen Grundstücken. Das 1874 zum Vorort ernannte Eimsbüttel wuchs von 364 Einwohnern im Jahre 1825 auf 50 000 im Jahre 1894 (Abb. 2) und zählte zu den am dichtesten besiedelten Stadtteilen.

Dieser Spaziergang beginnt am Landhaus Wehber, direkt am U-Bahn-Ausgang Emilienstraße.

1 LANDHAUS WEHBER UND PARK, EMILIENSTRASSE 71

Die Villa zwischen Emilienstraße und Fruchtallee ist das einzige noch erhaltene Landhaus aus der Zeit, als die Kaufleute ihre Sommerresidenzen und späteren Dauerwohnsitze in Eimsbüttel errichten ließen. Der Weinhändler Georg Heinrich Wehber hatte das Gelände 1852 erworben und zunächst mit einem Sommerhaus bebauen lassen (Abb. 3), das sein Sohn 1881 von den Grundmauern aufwärts durch den Architekten J.M.F. Grotjan umgestalten ließ und möglicherweise seit diesem Zeitpunkt dauerhaft zu Wohnzwecken nutzte.

Die Hauptfassade des zweigeschossigen Putzbaus präsentiert sich zur Emilienstraße und setzt sich aus einem von je zwei Flügeln flankierten Mittelrisaliten zusammen (Abb. 4). Die Mittelachse ist durch eingeschossige Vorbauten im Erdgeschoss betont, durch ein hohes säulengerahmtes Zwillingsfenster im Obergeschoss und durch ein zusätzliches niedriges Dachgeschoss mit pilasterverzierten Rundbogenfenstern. Die Säulen und Pilaster weisen die nach der aus der Antike überlieferten Kolossalordnung vorgegebene Reihenfolge der Kapitelle auf, unten dorisch, in der Mitte ionisch, oben korinthisch. Die ansonsten überwiegend der Renaissance entlehnten Fassadendekorationen wirken plastisch und opulent. Die gartenseitige Fassade ist sehr schlicht gehalten

3 SOMMERHAUS WEHBER VOR DEM UMBAU

4 LANDHAUS WEHBER

und orientiert sich wahrscheinlich an dem vom Vater beauftragten Vorgängergerbau. Nach Wehbers Tod 1924 erwarb die Stadt Hamburg auf Initiative Fritz Schumachers das Gelände, und Otto Linne, erster Garten- und Friedhofsdirektor von 1914 bis 1933, gestaltete den privaten Garten zu einem öffentlichen Park um, der den verschiedenen Lebensaltern entsprechend gegliedert wurde. So gab es einen Sandspielplatz, ein Planschbecken und einen »Alte-Leute-Garten«

an der Fruchtallee, der mit dem Buchenheckengang vergleichsweise gut erhalten ist. Seitdem vor ein paar Jahren das Seniorenzentrum »Haus am Wehbers Park« errichtet wurde, wird er wieder bevorzugt von alten Menschen aufgesucht.

5 MODELL DES HAMBURG-HAUSES EIMSBÜTTEL

An den Park schließt im Südosten das zwischen 1962 und 1965 errichtete Hamburg-Haus an (Abb. 5). Es sollte kultureller Mittelpunkt des gesamten Bezirks Eimsbüttel und Treffpunkt ganz verschiedener Einwohner und Altersklassen werden. Das Mehrzweckhaus war als Ersatz für den beim Straßenbau geopferten öffentlichen Marktplatz gedacht. Unter einem Dach zusammengefasst waren u.a. eine Altentagesstätte, ein Jugendheim, eine Erwachsenenbildungsstätte, ein Festsaal, die Bücherhalle und ein Schachclub. Entgegen den Erwartungen nutzten die Eimsbütteler das Hamburg-Haus jedoch kaum. Im Foyer steht eine Natursteinplastik des Hamburger Bildhauers Hans Kock (vgl. Niendorfer Kirche, S. 165).

Der Weg führt links auf den Doormannsweg und gleich wieder links in die Tornquiststraße hinein. Wer einen Abstecher zum Otto-Rautenberg-Stift (vgl. Eimsbüttel-Süd-Spaziergang) machen möchte, geht links in die kleine Sackgasse bis zum Ende, ansonsten geht es weiter geradeaus.

2 TORNQUISTSTRASSE UND HENRIETTENSTRASSE

Einige Jahre nach der Fertigstellung des Landhauses Wehber wurden auch die angrenzenden Straßen kurz vor dem großen Bauboom in den ans Zentrum anschließenden Stadtteilen erschlossen. Das bis dahin landwirtschaftlich genutzte Flurstück, genannt »Osterkamp«, erwarb der Spekulant Alexander Bentalon Tornquist (1813–1877) und teilte es in vier Straßenzüge auf: die Osterstraße, benannt nach der ehemaligen Länderei, die Tornquiststraße, benannt nach ihm selbst, und die Henrietten- und Emilienstraße, benannt nach seinen beiden Töchtern. Henriette schenkte er die Straßentaufe 1865 zu ihrer Hochzeit. Tornquist schuf lange, schmale Parzellen, wie sie seit der Barockzeit auch im alten Hamburger Stadtkern üblich waren. Zu diesem Zeitpunkt stand noch nicht fest, ob Eimsbüttel ein Arbeiterquartier oder ein großbürgerlicher Stadtteil werden würde. Lediglich an der Schäferkampsallee standen seit 1854 ein paar wenige Miethäuser, und der Anschluss an das Hamburger Siel-, Gas- und Wassernetz war bereits vollzogen. Die höchste Rendite erhoffte sich der Spekulant

18

mit der Schaffung von Wohnraum für bessergestellte Kaufleute, die scharenweise vor den sich immer weiter ausbreitenden Gängevierteln des Stadtzentrums in die Vororte flüchteten. Beim Verkauf der Grundstücke legte Tornquist vertraglich fest, dass weder kleine Arbeiterwohnungen noch Fabrikanlagen gebaut werden dürften. Auch Tierställe sowie Gast- und Schankwirtschaften waren verboten. Die Geschosshöhe beschränkte sich auf Souterrain, Parterre und ein bis maximal zwei Stockwerke darüber. So entstanden die für Hamburg typischen Reihenvillen (Abb. 6) für die sehr wohlhabende Mittelschicht und die untere Oberschicht, wie man sie auch in Rotherbaum, Harveste-

6 REIHENVILLA IN DER TORNQUISTSTRASSE, UM 1890

hude, Uhlenhorst und Eppendorf findet. Vor und hinter den Reihenvillen wurden, durch die schmale Parzellenstruktur begünstigt, großzügige Vor- und Hintergärten angelegt, von denen die Straßen noch heute profitieren.

3 GRUNDSCHULE, TORNQUISTSTRASSE 60

Die zwischen 1959 und 1963 errichtete Schulanlage besteht aus einem viergeschossigen gelb verklinkerten Fachklassentrakt an der Emilienstraße, drei dreigeschossigen beidseitig belichteten Klassenzeilen im Innern des Blocks und einer Turnhalle, die bis an den angrenzenden Sportplatz heranreicht. Von der eingeschossigen Pausenhalle hinter dem Eingang an der Tornquiststraße sind die Klassenräume durch offene überdeckte Verbindungsgänge erreichbar. Auf dem Grundstück befinden sich zwei überbaute Röhrenbunker. Die Schule wurde nicht nach dem für die 1950er Jahre typischen Serienprogramm mit Montageteilen von Paul Seitz errichtet, sondern nach einem Einzelentwurf des Architekten Hellmut Lubowski. Mit ihren zeilenartigen Pavillonbauten und den dazwischen liegenden Grünflächen entspricht sie dem städtebaulichen Leitbild der »gegliederten und aufgelockerten Stadt«. Die Freiunterrichtsflächen konnten auch nach dem Schulunterricht von noch wohnungslosen Kindern und Erwachsenen genutzt werden. Insgesamt entstanden in Hamburg zwischen 1949 und 1960 125 neue Schulen. Das längsrechteckige Keramikbild an der südlichen Außenwand der Grundschule in der Tornquiststraße ist ein Ergebnis der Kunstpolitik der 1950er Jahre. Wie andere Länder und Kommunen beschloss 1951 auch der Hamburger Senat, jeweils zwei Prozent der Bausumme aller staatlichen Bauvorhaben für künstlerischen Schmuck auszugeben. Der Kunst-am-Bau-Gedanke sollte hauptsächlich die wirtschaftliche Lage der Künstler verbessern und folgte keinem allzu ambitionierten ästhetischen Programm. Die meist nach Fertigstellung eines Gebäudes angekauften Werke regional tätiger Künstler kamen über eine dekorative Belebung selten hinaus und trafen häufig den Geschmack der Allgemeinheit. Bekannt sind Reihergruppen an Hauswänden oder Rehkitzskulpturen in Vorgärten, die den Menschen durch ihre Harmlosigkeit die Rückkehr in die Normalität erleichtern sollten. Gleichzeitig demonstriert der Verzicht auf eine entsprechende Symbolik die Abwesenheit des Staates. An und in den Schulen sollte die Kunst am Bau als pädagogisches Mittel dienen und in ihren Sujets kindgerecht bleiben. Die Wurzeln dieses Gedankens liegen in der Arbeitsschul- und Freiluftbewegung um Alfred Lichtwark. Das in seiner Form und Farbgebung schnell zu erschließende abstrakte Keramikbild an der Tornquiststraße kommt diesen Vorgaben entgegen und übernimmt zusätzlich die Funktion eines Wappens. Entworfen wurde es von dem Hamburger Maler Walter Siebelist (1904–1978), der u.a. sechzig weitere Kunst-am-Bau-Arbeiten in Hamburg ausführte.

Nur wenige Meter entfernt befindet sich die nächste Station unseres Spaziergangs.

4 HAUSBESETZUNG, EMILIENSTRASSE 31–33

Das in den 1990er Jahren entstandene Wohnhaus an der Ecke Henriettenstraße/Emilienstraße schloss keine Kriegslücke, sondern wurde nach dem Abriss zweier alter Wohnhäuser errichtet. Die beiden Häuser stellten eine Besonderheit dar, weil sie zur ersten Generation des Etagenhausbaus in Eimsbüttel gehörten (Abb. 8). Die Bauzeit muss kurz vor 1872 gewesen sein. Sie standen auf nahezu quadratischem Grundriss und wiesen nicht – wie es zehn Jahre später üblich wurde – die für Hamburg typische Schlitzbauweise auf (vgl. Hoheluft-West-Spaziergang). Auch der fast völlige Verzicht auf Stuckornamente an der Fassade lässt auf eine frühe Entstehungszeit schließen. Als die Häuser Ende der 1980er Jahre abgerissen werden sollten, setzte sich eine Initiative für ihren Fortbestand ein. Die »Initiative für den Erhalt von Wohnraum und die Förderung von Stadtteilkultur in Eimsbüttel«, genannt »Eibajalla«, besetzte die leer stehenden Häuser mit dem Ziel, ein Wohnprojekt und Räume für kulturelle Zwecke einzurichten. Transparente an den Fenstern mit Sprüchen wie »Wohnrecht ist Grundrecht« und eine symbolträchtige Inszenierung brachten den Hausbesetzern die gewünschte Öffentlichkeit (Abb. 7). Proteste gegen den Leerstand und Verfall von Häusern samt Besetzungen fanden in Hamburg wie in ganz Deutschland seit Anfang der 1970er Jahre vermehrt statt. Ziel solcher Aktionen ist es bis heute, bezahlbaren Wohnraum zu erhalten oder alte Bausubstanz vor dem Abriss zu bewahren. Hinter den Hausbesetzungen stecken aber auch alternative Lebensentwürfe und der Wunsch nach neuen Formen des Zusammenlebens. Sie richten sich häufig gegen die großflächige Sanierungspolitik der Stadt, zum Teil auch direkt gegen die Hausbesitzer, die Gebäude so lange leer stehen lassen, bis die Bausubstanz für eine Sanierung zu marode ist. Nach ähn-

7 SYMBOL DER HAUSBESETZER

lichem Muster geschah dies in der Emilienstraße 31–33, als 1980 ein Besitzerwechsel stattfand. Bereits nach fünf Jahren waren die unsanierten Häuser so baufällig geworden, dass der Eigentümer eine Abbruchgenehmigung erhielt. Doch weitere fünf

8 EMILIENSTRASSE 31–33 VOR DER HAUSBESETZUNG

tatenlose Jahre verstrichen, bis die beiden Häuser 1990 besetzt wurden. Gemeinsam mit der Besetzergruppe »Eibajalla« hatte der alternative Sanierungsträger Lawaetz-Stiftung vergeblich versucht, den Eigentümer von einer Sanierung zu überzeugen. Bereits nach vier Wochen wurden die Häuser von der Polizei geräumt, einige Zeit später abgerissen und das Grundstück mit einem Wohnhaus bebaut.

Zum Eimsbütteler Marktplatz geht es nun die Henriettenstraße hinauf und dann links in den Heußweg.

PFERDEOMNIBUS UND PFERDEBAHN

In Hamburg startete der öffentliche Nahverkehr 1839. Zunächst verkehrten mehrmals täglich Pferdeomnibusse zwischen Hamburg und Altona. Nach kurzer Zeit wurden im Sommer auch zwei- bis dreimal täglich Eimsbüttel und Hoheluft angefahren. Die Wagen der Omnibusse fassten in der Regel zwölf Personen und wurden von zwei Pferden gezogen. Ende der 1850er Jahre kam ein geräumigerer Wagentyp auf. Er hatte zusätzlich zehn Decksitze und ein abgetrenntes Rauchercoupé für vier Personen. Vornehme Damen hielten es zu Beginn für unschicklich, mit dem Omnibus zu fahren, kamen aber bald auf den Geschmack, und nun klagten die Männer, dass sich die Frauen auf den für rauchende Männer reservierten Decksitzen breit machten. Da der Nahverkehr in der Anfangszeit ein Zuschussgeschäft war, wechselten die auf eigenes Risiko arbeitenden Betreiber der Linien sehr schnell. 1866 kamen zu den Pferdeomnibussen, die mit Holzspeichenrädern auf dem normalen Straßenbelag fuhren, Pferdebahnen hinzu. Diese fuhren im Unterschied dazu mit Stahlrädern auf Schienen und konnten ihre Geschwindigkeit auf diese Weise verdoppeln. 1868 wurde die erste Pferdebahnverbindung zwischen Rathausmarkt und Eimsbütteler Marktplatz aufgenommen (Abb. 9). Erst 1922 wurde die letzte Pferdebahnlinie eingestellt.

5 EIMSBÜTTELER MARKTPLATZ

Der Straßenname erinnert noch an die ehemalige Funktion der Fläche innerhalb des alten Dorfgefüges. Neben den wöchentlichen Markttagen wurde auf dem Eimsbütteler Markplatz bis 1895 einmal im Jahr, an zwei Tagen Mitte Juli, der Kram- und Viehmarkt abgehalten. Das Angebot reichte von Pferden, Ochsen, Federvieh und fetten Aalen über Korbwaren, Möllnschen Zwieback bis hin zu Kräuterbonbons. Ebenfalls bis 1895 stand hier auch das letzte reetgedeckte Bauernhaus Eimsbüttels. Seit der Pferdebahnzeit (vgl. Pferdeomnibus und Pferdebahn, S. 21) befand sich am Eimsbütteler Marktplatz in der Eduardstraße der mit Stallungen für 59 Pferde und einer Remise ausgestattete Betriebshof für die Pferdebahn. 1897 wurde die Straße u.a. zur Verhinderung des Steinschlags gepflastert, und es wurden Straßenbahngleise eingebaut. Einen Teil des Marktplatzes gestaltete der Garten- und Landschaftsarchitekt Otto Linne (1869–1937) in den 1920er Jahren als öffentliche Freifläche um (vgl. Station 1). Holzstämme dienten als Mobiliar für einen von den Anwohnern viel genutzten Skatgarten. Nach dem Zweiten Weltkrieg war der Eimsbütteler Marktplatz

9 EIMSBÜTTELER MARKTPLATZ MIT PFERDEOMNIBUS, NACH 1868

eine der beiden Hauptsammelstellen für den Häuserschutt aus der gesamten Stadt Hamburg (Abb. 10 und Abb. Chronik, S. 10). Volle Lastwagen kippten hier Bauschutt ab, der anschließend auf seine Brauchbarkeit untersucht wurde. Verwertbare Baustoffe gingen direkt an die Bauwirtschaft, nicht verwertbarer Schutt wurde mithilfe von Trümmerbahnen zu den außerhalb der Stadt liegenden Ablagerungsstellen gebracht. Von den zwanzig Millionen Kubikmetern Trümmern fielen 1,2 Millionen Kubikmeter Baustoffe ab. Auch das Fundament des Volkparkstadions wurde aus Eimsbütteler Trümmerschutt gebaut. Wegen der Nähe zur Trümmerbahn war Eimsbüttel 1951 als erster Hamburger Bezirk trümmerfrei. Als 1953 ganz Hamburg von den Trümmern befreit war, überlegte man, einen letzten Trümmerhaufen zur Anschauung unter Denkmalschutz zu stellen.

Kurze Zeit später fiel das ehemalige Zentrum des Stadtteils mit den Straßen Emahusbleiche und Hinschenweg einem städtebaulichen

10 TRÜMMERBAHN AM EIMSBÜTTELER MARKTPLATZ

Dogma der Nachkriegszeit, der »autogerechten Stadt«, zum Opfer. Die zunehmende Motorisierung verlangte nach mehrspurigen Straßenachsen, was zur Folge hatte, dass die ehemals kleinen Straßen Fruchtallee, Doormannsweg und Kieler Straße um 1960 zu großen fußgängerfeindlichen Ausfallstraßen für den Fernverkehr ausgebaut wurden. Als Ausgleich für den verlorenen Marktplatz wurde das Hamburg-Haus am Doormannsweg eingerichtet. An der Kreuzung Fruchtallee geht es in die Lappenbergsallee und bei Hausnummer 3 links in einen Fußweg.

6 NACHKRIEGSARCHITEKTUR, EIMSBÜTTELER MARKTPLATZ 8 A–D, 16 A–D, FABERSTRASSE 2–10, 16–24, LAPPENBERGSALLEE 1, 3–21, SPENGELWEG 2 A–C, 4 A–C

Wegen der nahe gelegenen Trümmerbahn am Eimsbütteler Marktplatz konnten die zerstörten Flächen Eimsbüttels im Verhältnis zu den übrigen Stadtteilen schnell freigeräumt und zügig wiederbebaut werden (Abb. 11). Besonderes Augenmerk bei der Stadtplanung erhielt das Dreieck zwischen Eimsbütteler Marktplatz und Lappenbergsallee. Bauherrin des nördlich des Spengelwegs gelegenen Teils war die SAGA, im südlichen Bereich baute die Wohnungsbaugenossenschaft Kaifu Nordland eG. Insgesamt entstanden hier zwischen 1954 und 1956 neun dreigeschossige und drei fünfgeschossige Blöcke sowie 1961 das zehngeschossige Laubenganghaus. Tonangebender Architekt war Bernhard Hermkes für die SAGA, für

11 BEBAUUNG UM DEN EIMSBÜTTELER MARKTPLATZ, 1956–1958

die Kaifu Nordland baute der Hausarchitekt Walter Baumann. Noch in Erinnerung der katastrophalen Wohnverhältnisse vor dem Zweiten Weltkrieg erfolgte der Wiederaufbau nach dem Leitmotiv der »gegliederten und aufgelockerten Stadt«. Zwischen den herabgezonten Wohnblöcken in Zeilenbauweise (Abb. 12) entstanden gärtnerisch gestaltete Grünflächen, die den Wohnungen großzügig Luft und Licht verschafften und außerdem als Gemeinschaftsflächen genutzt werden konnten. Der als Autostraße angelegte Spengelweg wurde zurückgebaut und als Fußweg durch das Innere der Anlage weitergeführt, sodass sich vom Durchgangsverkehr abgeschirmte Bereiche ergaben. Die meisten Erstmieter waren beim Einzug, wie einige es später selbst formulierten, »euphorisiert« und dankbar, eine eigene, trockene und warme Wohnung beziehen zu können, nachdem sie zuvor in Nissenhüttenunterkünften gehaust hatten. Dreißig Jahre später stand das zunächst als »Wunder von Eimsbüttel« bejubelte Wiederauf-

12 KAIFU NORDLAND SIEDLUNG AM EIMSBÜTTELER MARKTPLATZ, UM 1955

baukonzept jedoch zunehmend in der Kritik. Die Wohnblöcke wurden als gleichförmig und wenig individuell empfunden. Die Grünanlagen boten kaum Intimität, und selten sah man spielende Kinder oder Nachbarn, die miteinander sprachen. Derzeit hat das Fachamt für Stadtplanung das Gebiet als Wohnungsbaupotenzialfläche festgeschrieben. Bis 2016 soll es durch Neubauten, Aufstockungen und bauliche Verbindungen verdichtet werden. Der Fußweg durch die Siedlung mündet in den Spengelweg, von dort geht es rechts in die Rellinger Straße (Abb. 13).

 RELLINGER STRASSE

Nach 1880 entwickelte sich Eimsbüttel besonders im nördlichen und westlichen Bereich zu einem ausgesprochenen Arbeiterviertel. Dorthin zogen zum einen die aus der Speicherstadt Zwangsumgesiedelten und zum anderen Arbeitsuchende aus dem gesamten Reich. Das Viertel galt als Hochburg der Sozialdemokraten und in der Weimarer Zeit auch der Kommunisten. Baulöwen zogen in Rekordzeit Mietskasernen in die Höhe und holten maximalen Profit aus den Baugrundstücken. Die Folge waren engste Hinterhofbebauungen und schmale Terrassenzeilen mit wenig Licht, stickiger Luft und katastrophalen Überbelegungen. Diese gingen so weit, dass mehrköpfige Familien ihr Bett an sogenannte Schlafgänger vermieteten, um sich die Wohnungen leisten zu können. Verbesserungen sollte der »Bebauungsplan für die Vororte auf dem rechten Elbufer« von

1892 bringen. Doch der Senat stellte schnell fest, dass zuallererst ein über-geordneter, die gesamte Stadterweiterung betreffender Plan vonnöten war. Der Generalplan von 1896 legte nun die Flächennutzungen, Haupt-verkehrsstraßen, Eisenbahnstrecken und Wasserstraßen für das gesamte Stadtgebiet Hamburgs fest. Bis der darauf folgende Bebauungsplan für Eimsbüttel von 1904 endgültig rechtskräftig wurde, war der Stadtteil jedoch schon überwiegend erschlossen und bebaut. Auch das Gebiet zwischen Rellinger Straße und Lappenbergsallee wurde in der Phase des spekulativen Massenwohnungsbaus errichtet, bei dem der Staat auf die räumliche Gestaltung und die Struktur der Häuser wenig Einfluss neh-men konnte. Das Gelände um die Apostelkirche gehörte vor der Bebauung dem Archivar Lappenberg. Nach seinem Tod veräußerten die Erben die Fläche an eine Terraingesellschaft. Diese verhandelte mit der Baupoli-zeibehörde einen verbindlich festgelegten Straßennetzplan aus und ver-kaufte dann einzelne bebauungsfertige Grundstücke an Spekulanten, die diese noch während oder nach der Fertigstellung der Gebäude wiederum an Bauherren weiterverkauften. Die endgültigen Eigentümer kamen aus der Handwerkerschaft, waren Bauunternehmer oder Geschäftsleute, ei-nige von ihnen richteten ei-gene Läden im Erdgeschoss ihrer Häuser ein. Ab 1895 hatte Eimsbüttel bereits die größte Anzahl an Woh-nungen in ganz Hamburg zu verzeichnen.

An der Rellinger Straße 51–59 entstanden 1902/1903 Wohnblöcke mit fünfge-schossiger Schlitzbebau-ung, Baumeister war Albert Lindhorst, der Bauherr A. F. Andresen. Das Wohnquar-

13 BLICK VOM EIMSBÜTTELER MARKTPLATZ IN DIE RELLINGER STRASSE, UM 1930

tier war für Hafen- und Werftarbeiter vorgesehen, aber auch kleinbürgerliche Haushalte zogen in die Zwei- bis Vierzimmerwohnungen zwischen 60 und 100 Quadratmetern, die in einigen Fällen von zwei Familien gleichzeitig bewohnt wurden. Innen liegende Treppenhäuser mit entweder zwei oder vier Wohnungen pro Etage gewährleisteten eine optimale Grundstücksausnutzung. Vorgehängte Balkone, helle Verblender an den Obergeschossen und die besonders stark an den Jugendstil angelehnten tulpenartigen Blüten prägen die Fassade. Am Haus Nummer 53 befinden sich zusätzlich die Fratzen einiger Fabelwesen.

Nun geht es wenige Meter zurück, links in die Grundstraße und rechts in die Lappenbergsallee bis zur Apostelkirche.

 ## 8 APOSTELKIRCHE

Obwohl der religiöse Stellenwert von Kirchen besonders in den Städten stark abnimmt, kommt den Kirchen architektonisch und städtebaulich nach wie vor eine große Bedeutung zu. Auch die auf dem einzigen freien Platz der Umgebung stehende Apostelkirche hat noch heute eine große Präsenz im Stadtraum. Wegen der wachsenden Bevölkerungszahlen wurde die Kirchengemeinde Eimsbüttels 1890 zweigeteilt. Die Christuskirche an der Fruchtallee bestand bereits seit 1886, für das neu zu erschließende westliche Eimsbüttel kam 1894 die Apostelkirche hinzu (Abb. 14 + 17). Zunächst stand sie allein auf weiter Flur. Der Backsteinrohbau in neoromanischer Bauweise wurde von den Architekten Erwin von Melle und Peter Gottlob Jürgensen errichtet. Die Höhe der umliegenden Häuser orientierte sich an der Traufhöhe des Kirchenkörpers, und nur der Turm sowie der Dachreiter überragen das Platzensemble. Es handelte sich um einen Zentralbau mit der Grundform eines griechischen Kreuzes. 1977 fiel die Kirche einem nächtlichen Feuer zum Opfer und brannte bis auf einen Teil der Außenmauern vollständig aus, die Brandursache wurde nie geklärt. Der Wiederaufbau erfolgte nach einem Konzept des Architekten Bernhard Hirche (Abb. 15). Die große Rosette an der Südwand wurde auf-

14+15 APOSTELKIRCHE 1895 UND HEUTE

geschnitten und zu einem großen Eingangsportikus heruntergezogen. Der Turmstumpf wurde geschlossen und die fehlende Turmspitze nicht ersetzt. In das alte Kirchenschiff wurde auf Höhe der Empore eine Zwischendecke eingezogen und der eigentliche Kirchenraum in das Obergeschoss verlegt (Abb. 16). Die ursprünglichen Chorfenster mit den zwölf Aposteln wurden durch drei moderne Fenster ersetzt. Sie zeigen je vier Schwarz-Weiß-Porträts von Menschen, die im christlich-humanistischen Sinne ein vorbildhaftes Leben geführt haben, u.a. den Bürgerrechtler Martin Luther King, die französische Jüdin Simone Weil, Sophie Scholl und Ernst Barlach. Im Erdgeschoss befinden sich mehrere multifunktionale Gemeinderäume.

Der Weg führt rechts an der Kirche vorbei zu einem ehemaligen Bunker in der Sillemstraße.

9 BUNKER, SILLEMSTRASSE 35

Bunker waren zwischen 1941 und 1943 der häufigste Gebäudetyp der öffentlichen Bautätigkeit. Im Zuge der Kriegsvorbereitungen seit Mitte der 1930er Jahre wurde in Hamburg mit dem Bau von Schutzbunkern für die Zivilbevölkerung begonnen. Eimsbüttel nahm dabei eine Sonderstellung innerhalb Hamburgs ein, weil der Stadtteil besonders dicht besiedelt war und deshalb ein engeres Netz an Luftschutzbauten erforderlich wurde. Noch immer gibt es in Eimsbüttel die meisten Bunker, und fast jeder Bunkertypus ist vertreten. Insgesamt zählte Hamburg bei Kriegsende 1051 Bunker, heute sind es noch um die 700. Einige stehen wie Trutzburgen als Hochbunker unübersehbar an markanter Stelle im Stadtbild (Langenfelder Damm / Methfesselstraße, Müggenkampstraße / Sartoriusstraße, Henriettenstraße / Schulweg), andere reihen sich in die umliegende geschlossene Bebauung ein (Eimsbütteler Straße 36), wieder andere verschwinden als halb oberirdische Röhrenbunker im Innern der Wohnblöcke in der Erde (Stellinger Weg 14 A–D). Die Bunker sollten der Bevölkerung das Gefühl von Schutz, Wehrhaftigkeit und Sicherheit vermitteln und gleichzeitig den Camouflageaspekt berücksichtigen. Viele Bunker wurden nach dem Zweiten Weltkrieg für den Fall eines Atomkriegs als Schutzraum weiter-

16•17 INNENANSICHT DER APOSTELKIRCHE, 1992 UND VOR DEM BRAND

hin instandgehalten. Der 900 Quadratmeter große Bunker in der Sillemstraße (Abb. 18) bot zu Kriegszeiten Notaufenthalt für 868 Personen. Spätestens jedoch seit der Wiedervereinigung und dem Ende des Kalten Krieges haben die Bunker ihre Funktion verloren. Da die Bausubstanz des Betons siebzig Jahre nach ihrer Entste-

18 HOCHBUNKER SILLEMSTRASSE, 1995

hung häufig noch immer in einem guten Zustand ist, sind Sanierungen kaum notwendig. Der Umbau der bombensicheren Unterstände zu Wohn- und Arbeitszwecken ist häufig kostengünstiger als ein Abriss der mehrere Meter dicken Betonwände. Auch der zweistöckige Bunker an der Sillemstraße wurde 2002/2003 in ein Wohnhaus umgewandelt. Er erhielt einen doppelt so hohen sandfarbenen Gebäudeaufsatz mit zur Apostelkirche ausgerichteten Balkonen und Gebäudeerweiterungen an den Seiten. So entstanden fünfzehn Wohnungen zwischen 70 und 170 Quadratmetern. Die Betonnähte, ein Teil der historischen Fassadenreklame und die verwitterte Betonoberfläche des Bunkers wurden als Altbestand in das Wohnhaus integriert.

Zur nächsten Station geht es links in die Sillemstraße Richtung Norden, die nächste Straße rechts in den Hellkamp und die erste wieder links in die Rombergstraße, die mit den nur viergeschossigen Etagenhäusern der Jahrhundertwende im Verhältnis niedrig bebaut ist. Die Route führt rechts in die Schopstraße und am Ende der Straße links in den Stellinger Weg.

19 »HAMBURGER BURG« AM STELLINGER WEG, 1899

10 »HAMBURGER BURG«, STELLINGER WEG 36–38, UND »PRO«-BURG, METHFESSELSTRASSE 88–96

Um die vorletzte Jahrhundertwende entstanden räumlich dicht nebeneinander zwei neuartige Reformwohnprojekte, die sich vom Grundriss nur wenig unterschieden. Die sogenannte »Hamburger Burg« war das Gegenprogramm zum spekulativen Massenwohnungsbau. Der Grundriss dieses Bautyps besteht aus einem eckigen Hufeisen, das sich zur Straße oder wie bei der »Pro-Burg« auch zum Hof hin öffnete, in der Mitte ergab sich ein Straßenvorhof mit Spiel- und Aufenthaltsflächen. Die meisten Wohnungen hatten Balkone und Fenster nach vorne und hinten, was eine ausreichende Querlüftung und eine gute Belichtung gewährleistete. Hinter den Anlagen gab es Gärten, die von den Bewohnern gepachtet werden konnten. In beiden Blöcken wurden 98 überwiegend zwei Zimmer große Wohnungen, ausgestattet mit Küche, Toilette und Speisekammer, bereitgestellt. Die rund 45 Quadratmeter großen Wohnungen kosteten zwischen 250 und 269 Mark, was ungefähr ein Sechstel des Einkommens eines Arbeiters ausmachte, und lag damit rund 150 Mark unter dem Eimsbütteler Durchschnitt. Die 1899 errichtete »Burg« am Stellinger Weg (Abb. 19 + 20) wurde wegen ihrer Sozialverträglichkeit auf der Pariser Weltausstellung von 1900 mit einer Silbermedaille ausgezeichnet, und seitdem wurde die Grundrissidee von ganz unterschiedlichen Bauherren übernommen. Hier wurden beide Großwohnanlagen von einer Genossenschaft mit dem Ziel realisiert, günstigen und gesunden Wohnraum zu schaffen. Am Stellinger Weg baute der 1892 aus der christlichen Arbeiterbewegung hervorgegangene »Bau- und Sparverein zu Hamburg«. Seine Mitglieder kamen überwiegend aus dem Mittelstand, und der Verein erhielt finanzielle Unterstützung aus Senats- und Fabrikantenkreisen. Die Bewohner wurden ausgelost und waren Arbeiter, Handwerker oder kleine Beamte. An der Methfesselstraße baute 1907/08 der »Konsum-, Bau- und Sparverein Produktion«, eine Arbeitergenossenschaft, die neben den verbesserten Wohnbedingungen auch eine umfassende proletarische Lebenswelt erschuf. Die Geldgeber, Produzenten und Konsumenten der »Pro«, gehörten ausschließlich der Arbeiterklasse an. Besonderer Wert wurde auf solide Ausführung der Häuser, ein sozialdemokratisches Selbstverständnis und auf proletarische Solidarität gelegt. Für ihre Mitglieder richtete die »Produktion« in ganz Hamburg eigene Verkaufsstellen ein. Die erste Verkaufsstelle, eine Schlachterei, saß in der Osterstraße 112. In der »Pro«-Burg an

20 GRUNDRISS EINER »HAMBURGER BURG«

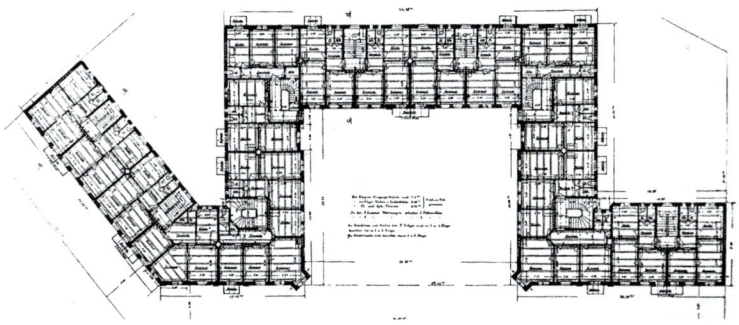

der Methfesselstraße versorgten ein Kolonialwaren-, ein Milch- und ein Brotladen die fast einhundert Familien der Anlage mit den Dingen des täglichen Bedarfs.

Zur nächsten Station folgen wir dem Stellinger Weg, bis links die Telemannstraße abzweigt.

11 SCHULE, TELEMANNSTRASSE 10

Zwei Jahre nach der Einführung der allgemeinen Schulpflicht 1870 stellte die Baubehörde ein einheitliches Bauprogramm für Volksschulen vor. Doch die Planungen konnten die Missstände an den Schulen nicht schnell genug verbessern, denn zwischen 1866 und 1872 hatte sich die Bevölkerungszahl Eimsbüttels innerhalb von sechs Jahren von 3082 auf 6096 Einwohner bereits verdoppelt. Die mit über fünfzig Schülern häufig überfüllten Klassen blieben bestehen, und zu manchen Zeiten musste Nachmittagsunterricht abgehalten werden, sodass die Kinder vormittags spielten und dann mit vollem Magen zum Lernen gingen. In den Klassenzimmern herrschte eine preußisch-soldatische Zuchtordnung, Prügelstrafen standen auf der Tagesordnung und sollten aus den Schülern gefügige Untertanen machen. Die kasernenartige Architektur der Kaiserzeit spiegelt diese Situation auch äußerlich wider.

Im Einklang mit der Schulbehörde und der pädagogischen Reformbewegung entwickelte der Architekt Albert Erbe (1868–1922) auf dem 1904 noch fast unbebauten Terrain zwischen Heußweg und Lutterothstraße in einem Zeitraum von sieben Jahren drei Volksschulen der neuen Generation. Die Schule in der Telemannstraße, 1911 eröffnet, war eine von diesen dreien, die sich für bessere Lernbedingungen der Schüler einsetzte. Während die zur gleichen Zeit privatwirtschaftlich errichteten Etagenhäuser fast durchgängig Putzbauweise aufweisen, wurde bei den öffentlichen Gebäuden dieser Zeit überwiegend Backstein verwendet. Geschmacklich hatte sich der von Baudirektor Fritz Schumacher in seiner Anfangszeit bevorzugte Heimatschutzstil durchgesetzt. Die Formensprache ist dem Hamburger Bürgerhaus aus der Barockzeit entlehnt und an diesem Schulbau gut erkennbar. Die architektonischen Hauptkennzeichen sind die Backsteinbauweise, Sprossenfenster (sie wurden ausgetauscht), schmale, giebelständige Fassadenteile und hohe mit Ziegeln gedeckte Dächer. Das Gebäude liegt quer zur

21 EIMSBÜTTELER CHAUSSEE, 1904

Straße, weil es als Doppelschule konzipiert wurde. Der Eingang für die Jungen erschloss sich an der Telemannstraße, der für die Mädchen am Heußweg. Bereits 1919 wurde die Schule eine Versuchsschule für Reformpädagogik. Jungen und Mädchen wurden gemeinsam unterrichtet, die Schule als Lebensgemeinschaft und der Lehrer als Freund und Förderer der Schüler gesehen, es wurden keine Strafen verteilt, der Unterricht anschaulich und lebensnah gestaltet und die Schüler zum kritischen Denken erzogen. »Sitzenbleiben« wurde möglichst vermieden. Lehrer und Eltern empfanden sich als »Telemänner«. In Eigeninitiative bauten die Eltern ein Schullandheim in Neugraben und richteten während der Wirtschaftskrise 1923/24 eine kostenlose Schulspeisung für Kinder erwerbsloser Eltern ein. Schnell wurde die Schule in Eimsbüttel die »rote Schule« genannt, denn viele der Eltern waren Arbeiter und Mitglied der kommunistischen Partei. Im Ersten Weltkrieg diente sie wie einige andere Schulen als Lazarett. Insgesamt entstanden von 1872 bis zum Ende der Weimarer Republik in Eimsbüttel 21 Schulhäuser. Der Stadtteil hat damit die größte Schuldichte Hamburgs.

Zur letzten Station geht es auf dem Stellinger Weg weiter bis zur großen Kreuzung Osterstraße/Heußweg.

22 ALTES KARSTADTGEBÄUDE AN DER OSTER-
STRASSE

Architektonisch hat die Kreuzung Osterstraße / Heußweg heute wenig Besonderheiten zu bieten. Die Ecke zeigt sich so heterogen wie der Stadtteil selbst. Neben ein paar Gründerzeithäusern und dem aus den 1920er Jahren rekonstruierten Block von Karl Schneider stehen das Karstadt-Gebäude und Bürohäuser aus den 1950er und 1960er Jahren. Zum Zentrum hat sich die Kreuzung erst in den Nachkriegsjahren entwickelt. Bis in die 1930er Jahre hinein blieb die Osterstraße vorstädtisch geprägt, und die Häuser hatten zum Teil noch Vorgärten. Die Haupteinkaufsstraßen des Viertels waren damals die Eimsbütteler Chaussee (Abb. 21) und das Schulterblatt. Vom »Flora«-Konzerthaus flanierte man am Gasthaus »Bellealliance«, am »Theater des Westens« und den Kursaal-Lichtspielen bis zur bekannten Fleisch- und Wurstfabrik der Gebrüder Kessler vorbei. Erst in den Nachkriegsjahren verschob sich das Zentrum Eimsbüttels durch den Wiederaufbau nach Norden. Heute bieten die unterschiedlichsten Geschäfte entlang der Osterstraße alles, was man braucht, eine Fahrt in die mit der U2 gut angebundene Innenstadt ist häufig gar nicht notwendig. Als Einkaufsstraße für Anwohner hat die Straße die richtige Mischung aus originellem Einzelhandel, alteingesessenen Familienbetrieben und den unvermeidlichen Firmenketten weitgehend behalten. Auch das Karstadt-Kaufhaus mit der großen Uhr als Blickfang, seit 1945 an der Osterstraße

23 WEISSES DINNER

ansässig (Abb. 22), ist eine Institution in Eimsbüttel und wird sogar von jüngeren Menschen frequentiert. Zur Identifikation mit dem Stadtteil tragen sicher auch das einmal im Jahr stattfindende Osterstraßenfest und das 2010 und 2011 erstmals in Hamburg organisierte nichtkommerzielle »Weiße Dinner« in der Schop- und in der Osterstraße bei (Abb. 23).

KINO

In der ersten Hälfte des 20. Jahrhunderts entwickelte sich Eimsbüttel zu einer Kinohochburg. Sowohl vor dem Ersten als auch nach dem Zweiten Weltkrieg eröffneten rund um die Osterstraße fünf Lichtspielhäuser, als erstes 1911 das Reichs-Theater an der Fruchtallee. Das berühmteste Kino war der »Emelka-Palast«, der 1927/28 von Karl Schneider errichtet wurde. Er gilt als erster »echter« Kinobau in Deutschland, das »M.L.K.« im Namen stand für »Münchner Lichtspielkunst«. Architektonisch bildeten das Kino und das zur Ecke liegende weiß verputzte Großwohnhaus mit Backsteingesimsen im Stil der Neuen Sachlichkeit eine Einheit. Der Kinobau überlebte den Bombenkrieg nicht, das heutige Gebäude, in dessen Erdgeschoss ein Supermarkt untergebracht ist, ist eine Rekonstruktion. Der Name »Emelka-Palast« jedoch überdauerte und wurde für den Neubau an der Osterstraße 95 aus dem Jahre 1955 erneut verwendet. Heute befindet sich eine Drogeriekette hinter der gelb ausgefachten Rasterfassade. Nur

REICHS-THEATER, 1938

wenige Meter entfernt hatte ein Jahr zuvor das Roxy mit 715 Plätzen eröffnet, und um die Ecke am Heußweg befand sich das kleine Urania-Theater, das von der Eimsbütteler Jugend den Beinamen »Flohkiste« erhielt. Kein Wunder, dass die Osterstraße kurzzeitig auch als »Eimsbütteler Broadway« bezeichnet wurde. Mit dem Aufkommen des Fernsehens hatten die Kinos jedoch drastischen Besucherschwund zu verzeichnen und mussten zwischen 1962 und 1969 allesamt schließen.

BARS / CLUBS

cosy bar
Hellkamp 26
→ schanzige Raucherbar mit
schöner Tapete

CAFÉS / RESTAURANTS

Café May
Lappenbergsallee 30
www.may-cafebar.de
→ Selbstbedienung, gute Kuchen und
angenehme Sitzmöbel

Café Strauss
Wiesenstraße 46
www.cafe-strauss.de
→ Straußenfleisch und schöner Außen-
bereich

Deikes
Lutterothstraße 5
www.deikes.de
→ gemütliches Café im Landhausstil

Due Baristi
Langenfelder Damm 2-4
www.duebaristi.de
→ hohe italienische Kaffeekunst

Frühlings
Hellkamp 13
→ nettes Café, Kinder sind gern gesehen

L'Orient
Osterstraße 146
www.restaurant-lorient.de
→ etwas unscheinbar, herausragende
libanesische Küche

die kleine konditorei
Osterstraße 176 | Lutterothstraße 9–11
→ propere Bäckerei mit berühmten
Eigenkreationen

Die Pampi
Hellkamp 70
www.diepampi.de
→ Frühstück, portugiesische Snacks
& schöne Sachen

La Pergola
Osterstraße 100
www.la-pergola-hamburg.de
→ Eimsbütteler Standarditaliener, immer
rappelvoll

Lehmitz Weinstuben
Faberstraße 21
www.lehmitz-weinstuben.de
→ Weinstube mit lauschigem Garten voller
Weinranken

Osterdeich – Tag & Abend
Müggenkampstraße 35
→ cool-familienfreundliches Wohnzimmer

Transmontana II
Lappenbergsallee 48
→ portugiesisches Frühstückscafé mit
Wohnzimmeratmosphäre

Trattoria Salento
Osterstraße 52
www.trattoriasalento.de
→ *richtig guter Italiener ohne Kellnershow*

Urknall
Sartoriusstraße 14
www.urknall-hh.de
→ *Kneipenklassiker für die Locals*

Vier Rosen
Stellinger Weg 47
www.vierrosen.de
→ *exzellente französische Traditionsküche*

Villa im Park
Else-Rauch-Platz 1
www.villa-im-park.de
→ *ideal für ein sommerliches Feierabendbierchen*

LÄDEN

Betten Sievers
Osterstraße 143
www.betten-sievers.de
→ *familiengeführtes Fachgeschäft der alten Schule*

Wolfgang Birkholz Elektroanlagen
Eppendorfer Weg 71
→ *museales Schaufenster mit alten Porzellanfassungen und -sicherungen*

Buchladen in der Osterstraße
Osterstraße 171
www.buchhandlung-osterstrasse.de
→ *gefährlich gute Literatur und kundige Beratung, seit über dreißig Jahren in der Osterstraße*

Comicladen-Kollektiv
Fruchtallee 130
www.comicladen-kollektiv.de
→ *von Comicfreaks für Comicfreaks*

Cramer Wohnvilla
Osterstraße 29
www.cramer-hamburg.de
→ *Eimsbütteler Ableger des Designmöbelspezialisten*

Dreckstückchen
Lappenbergsallee 10
www.dreckstueckchen.de
→ *Fußmatten mit individuellen Texten*

Fisch Schlüter
Stellinger Weg 26
→ *Frischfischinstitution in Eimsbüttel*

Fleischerei Hans Wagner
Methfesselstraße 51
www.schlachterei-wagner.de
→ *beliefert prominente Restaurants und wurde 2010 zur besten Schlachterei Deutschlands gekürt*

Foto Jan Kopp
Fruchtallee 118
www.jankopp.de
→ *alteingesessener Fotoladen (nicht nur)
für Profiansprüche*

Gerd Jansen's Pfeifendepot
Methfesselstraße 86
→ *Pfeifen- und Tabakladen mit Museums-
charakter*

Buchhandlung Heymann
Osterstraße 134
www.heymann-buecher.de
→ *Eimsbütteler Ableger des freundlichen
Filialisten*

Interiör
Osterstraße 164
www.interioer.de
→ *tolle Wohnaccessoires und Geschenke in
skandinavisch-klarem Design*

Internationale Kinderbücher
Heußweg 22
www.gabikopper.de
→ *Kinderbücher von Albanisch bis Türkisch*

Lecker Wohnen
Osterstraße 170
www.lecker-wohnen.de
→ *verspielte Wohnaccessoires*

Lesesaal
Lappenbergsallee 36
www.lesesaal-hamburg.de
→ *schöne Buchhandlung mit raffiniert
wechselnder Schaufensterauslage*

Buchhandlung & Antquariat Lüders
Heußweg 33
www.buchhandlunglueders.de
→ *sehr lebendige Stadtteilbuchhandlung,
Bücher bis unter die Decke*

Malerei und Illustration
Fachbüro für Kulturwirschaft
Heußweg 80
www.emskoetter.de
→ *kleine Bilder in Öl und wunderbare
»Einschlafhilfen«*

Oak
Osterstraße 175
→ *klassische Streetwear zu moderaten
Preisen*

Steinfeld 17
Heußweg 4
www.steinfeld17.com
→ *wetterfeste und trotzdem schöne Taschen
in allen Größen*

HOTELS

Bengel & Engel
Sillemstraße 60 A
www.bengel-engel.de
→ *private Kindertagesstätte und -hotel*

Das kleine Schwarze
Bed & Breakfast
Tornquiststraße 25
www.das-kleine-schwarze.com
→ *unterschiedliche, individuell gestaltete Zimmer*

FREIZEIT / SPORT

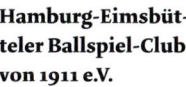

Hamburg-Eimsbütteler Ballspiel-Club von 1911 e.V.
Tornquiststraße 79
www.hebc.de
→ *Fußballverein ohne Erfolgsdruck*

New Swing Generation
unterschiedliche Locations
www.newswinggeneration.de
→ *Tanzverein für Lindy Hop, Balboa, Blues und alle Swingbegeisterten*

KULTUR

Filmraum
Müggenkampstraße 43
→ *Filmverleih und Café*

Galerie Morgenland
Sillemstraße 79
www.galerie-morgenland.de
→ *sehr aktive Geschichtswerkstatt mit interessantem Programm*

Polar. Raum für Kunst der Gegenwart
Heußweg 89
www.polarraum.de
→ *kleiner Galerieraum einer Künstlergruppe*

SOZIALES / NON-PROFIT

Lukulule, Musik und Tanz für Jugend e.V.
Heinrichstraße 14
www.lukulule.de
→ *Stimmtraining, HipHop, Breakdance u.a. für Kinder und Jugendliche*

Mehrgenerationenhaus Nachbarschatz e.V.
Müggenkampstraße 30 A
www.nachbarschatz.de
→ *Mütter- und Stadtteilzentrum*

EIMSBÜTTEL-SÜD

2

U-Bahnhof Schlump ✶ ehemalige ostjüdische Synagoge ✶ Wohnstifte Kielortallee ✶ Block der Malerei-Gesellschaft ✶ Synagoge Hohe Weide ✶ Eimsbütteler Turnverband ✶ Gymnasium Kaiser-Friedrich-Ufer ✶ Bethlehemkirche

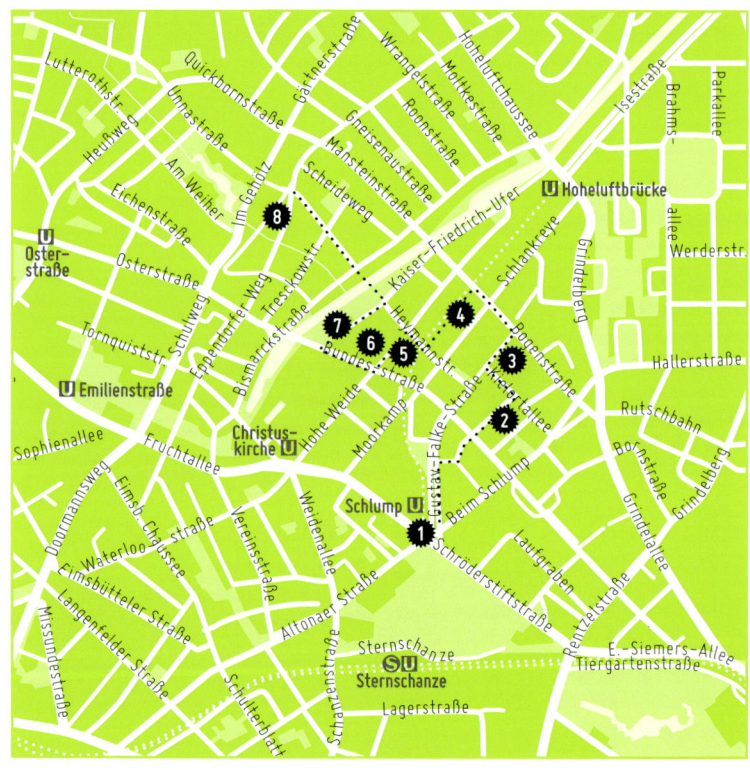

STARTPUNKT: U-Bahnhof Schlump (U2, U3)
ENDPUNKT: Eppendorfer Weg (Haltestelle Goebenstraße / Buslinien 20, 25)
DAUER: eine Stunde

Die sumpfige Niederung zwischen Schlump und Isebekkanal wurde bis
ins 19. Jahrhundert als Wiese und Weideland genutzt. Sie gehörte zum
Pachthof Schäferkamp des Klosters St. Johannis und kam 1875 in den
Besitz der Stadt Hamburg. Vom einsetzenden Bauboom nach der Aufhebung der Torsperre blieb das Gelände wegen seiner schwierigen Bodenbeschaffenheit jedoch noch unberührt. Die im Generalbebauungsplan von
1896 festgeschriebene Durchlegung der Hochbahnlinie wurde 1908 / 09
ausgeführt, und erst im Jahre 1914 erfolgte die Aufschüttung der Isebek-
niederung für den Bau eines Straßennetzes (Abb. 1). Der im selben Jahr

1 ISEBEKKANAL MIT FUHRWEG AM WASSER, RECHTS RÜCKSEITE BISMARCKSTRASSE, UM 1914

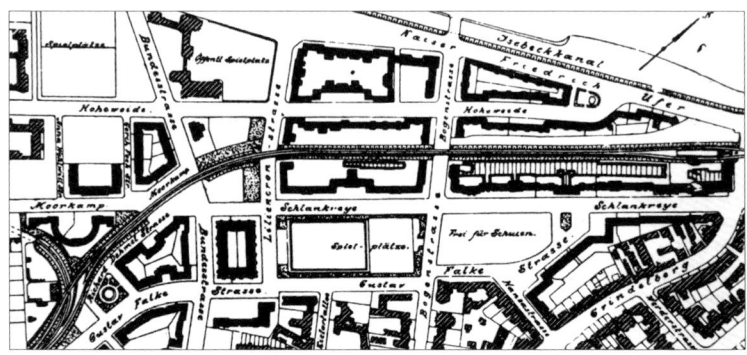

2 BAUGEBIET SCHLANKREYE, 1929

vom Leiter des Hochbauwesens, Fritz Schumacher, abgeänderte Bebauungsplan konnte schließlich erst nach dem Ersten Weltkrieg umgesetzt
werden. Schumachers städtebauliche Planungen sahen im ganzen Stadtgebiet Massenwohnsiedlungen mit bezahlbaren Kleinwohnungen für Arbeiter und Angestellte vor, die sich wie ein »Gürtel um Hamburgs alten
Leib« legen sollten. Auf den kommunalen Flächen an der Schlankreye
entstand ein großflächiges Ensemble aus Klinkergebäuden, die überwiegend von Genossenschaften und Wohnungsbaugesellschaften realisiert
wurden (Abb. 2). Daneben wurden überdurchschnittlich viele Schulen errichtet. Trotz der vielen unterschiedlichen Bauherren bildet das Quartier
erstaunlicherweise eine zusammenhängende optische Einheit. Über die
staatliche Beleihungskasse, die zahlreiche Kleinwohnungsbauprogramme
förderte, konnte das Aussehen der Wohnblöcke nach dem Geschmack
Schumachers beeinflusst werden. Außerdem standen Backsteinbauten bei
den meisten Architekten wie auch in der öffentlichen Meinung zu dieser
Zeit sowieso gerade hoch im Kurs. Auch das erste U-Bahn-Haltestellenge-
bäude am Schlump war ein Backsteinrohbau.

1 U–BAHNSTATION SCHLUMP

Die Struktur der Stadt änderte sich zwischen 1880 und 1900 grundlegend. Mit der Errichtung von Kontorhäusern innerhalb der alten Wallgrenzen, dem Bau der Speicherstadt und der Einrichtung des Freihafens wurden die Arbeiter aus ihren angestammten Vierteln im Zentrum verdrängt und wanderten an die damaligen Stadtränder. Nun pendelten täglich um die 50 000 Männer und Frauen von ihren Wohnungen in Eimsbüttel, Barmbek, Hammerbrook oder Horn zu ihrem Arbeitsplatz am Hafen oder im Zentrum. Obwohl ein einfacher Arbeiter sich die Fahrt mit den öffentlichen Verkehrsmitteln gar nicht leisten konnte und Arbeitswege von bis zu eineinhalb Stunden in Kauf nehmen musste, platzten die Pferde- und Straßenbahnlinien aus allen Nähten. Deshalb wurde bald dringend nach neuen Lösungen gesucht, und 1912 erhielt Hamburg nach sechsjähriger Planungszeit als zweite Stadt Deutschlands nach Berlin eine U-Bahn. Bis 1922 wurden sogar Pferde-, Straßen- und U-Bahnen zugleich betrieben.

Die Haltestelle Schlump war ein Teil der als erste U-Bahn-Strecke eröffneten Ringlinie um die Alster und wurde im Mai 1912 in Betrieb genommen (Abb. 3 + 4). Bereits ein Jahr später führte von der Ringbahn eine Zweiglinie vom Schlump zur Christuskirche ab und erschloss Eimsbüttel

3 EHEMALIGES STATIONSGEBÄUDE / 4 SCHALTERHALLE U–BAHNHOF SCHLUMP, 1912

5 U-BAHNHOF SCHLUMP, UM 1955

zumindest in bescheidenen Ansätzen. Der Pendelverkehr wurde 1914 bis
zum Hellkamp erweitert. Anders als London oder New York entschied
sich Hamburg bei den Planungen für repräsentative, weit sichtbare Ein-
stiegspunkte. Die U-Bahn sollte kein gesichtsloses Massentransportmit-
tel werden, sondern ein Symbol der Moderne, gestaltet von namhaften
Architekten. Den Auftrag für das Haltestellengebäude am Schlump erhielt der Architekt Johann Emil Schaudt (1871–1957), der bereits die Lan-
dungsbrücken und das Bismarck-Denkmal sowie die meisten Brücken
des westlichen Abschnitts der Ringbahn entworfen hatte. Das monumen-
tale Gebäude mit erhöhtem turmartigen Mittelteil wurde 1943 von einer
Bombe getroffen, anschließend behelfsmäßig geflickt und 1953 durch
einen von dem Architekten Hans Loop entworfenen Nachfolgebau ersetzt
(Abb. 5 + 6). Architektonisch orientierte sich das pavillonartige Gebäude
am gegenüberliegenden Haus des Sports von 1951. Die feingliedrige und
lichtdurchlässige Empfangshalle beherbergte vier Läden – Tabakwaren,
Zeitungen, Blumen und Konfitüren – und unterstrich damit ihre Lage an
einer wichtigen Straßenkreuzung. Nach nur etwa zehn Jahren musste das
Gebäude weichen, weil für den heute bestehenden Kreuzungsbahnhof der
Linien U2 und U3 eine zusätzliche Bahnsteigebene eingezogen werden

6 U–BAHNHOF SCHLUMP, UM 1955

musste. Die vier Außenwände des oberirdischen quadratischen Eingangs-gebäudes von Horst Sandtmann sind vollständig nach dem Prinzip einer Vorhangfassade verglast: Leicht getönte Glasscheiben werden von einem schwarzen Stahlgerüst eingefasst, und das türkisfarbene Dach hängt an acht außen stehenden Stahlträgern. Der Innenraum ist somit komplett stützenfrei. Die türkisfarbene Fliesung am Bahnsteig der U3 sowie die dunkelrote Fliesung für die U2 sind original. Der Ausgang in Richtung Norden zur angegliederten Ladenzeile und nicht zur Straßenkreuzung hin soll die Fahrgastströme zu den Bushaltestellen entzerren.

Wir gehen nun beim Ausgang die Gustav-Falke-Straße herunter, rechts in die Straße Ellenbogen und gleich wieder links in die Kippingstraße. Hier entstanden zwischen 1893 und 1897 kleine Doppelhausvillen für gut gestellte, aber nicht ganz reiche Kaufleute. Der Keller und die beiden Ge-schosse nahmen jeweils nur drei Zimmer auf. Die Traufzonen der Reihen-villen sind häufig durch eine Zierbalustrade betont. Am Ende der Straße erreichen wir die Kielortallee.

JÜDISCHES LEBEN IN EIMSBÜTTEL

Ebenso wie die übrige Bevölkerung zog es während der Industrialisierung auch viele Juden aus dem Zentrum in die Stadterweiterungsgebiete, und das Grindelviertel entwickelte sich zum Hauptwohngebiet der Hamburger Juden. 1925 wohnten in den Stadtteilen Harvestehude, Rotherbaum und Eppendorf 63 Prozent aller Hamburger Juden – im Vergleich dazu brachte es Eimsbüttel nur auf 6,7 Prozent. Die meisten der 1334 Menschen, die sich hinter dieser Prozentzahl verbergen, lebten zwischen Grindelallee und Eimsbütteler Chaussee, in unmittelbarer Nähe zum Grindelgebiet. Viele gehörten zur jüdischen Mittelschicht und zählten eher zu den konservativen, religiös ausgerichteten Juden. Trotzdem passten sie sich nach außen häufig an die nicht-jüdische Umgebung an und bestritten ihren Lebensunterhalt überwiegend mit nichtjüdischer Kundschaft. Zum jüdischen Selbstverständnis

SCHULHOF CAROLINEN-STRASSE 35, 1924 / 1925

gehörte es, einem Kultusverband anzugehören und den Kindern eine entsprechende Schulbildung zu ermöglichen. Konservative und orthodoxe Familien schickten die Jungen auf die Talmud-Tora-Schule am Bornplatz, die Mädchen auf die Israelitische Töchterschule an der Carolinenstraße. Die Kinder liberaler Familien gingen auf die allgemeinen öffentlichen Schulen um die Schlankreye.

2 EHEMALIGE OSTJÜDISCHE SYNAGOGE, KIELORTALLEE 13

Da sich der Ritus der nach dem Ersten Weltkrieg meist aus Polen eingewanderten Juden stark von der in Hamburg praktizierten liturgischen Ordnung unterschied, war es den Ostjuden verwehrt, an den üblichen Gottesdiensten teilzunehmen. Mit finanzieller Unterstützung der Deutsch-

Israelitischen Gemeinde erwarb deshalb der ostjüdische Verein Adas
Jeschorim (Gemeinde der Aufrechten) ein bereits bebautes Grundstück an
der Kielortallee, um hier eine Synagoge und Vereinsräume eigens für Ostjuden zu schaffen. In der obersten Etage der bestehenden Reihenvilla wurde
eine Wohnung für den Rabbiner S.J. Rabinow eingerichtet. Eine Zeitzeu-
gin berichtet, dass die polnischen Juden bei den übrigen Hamburger Juden
nicht besonders angesehen waren und man einen Bogen um die Synagoge
in der Kielortallee machte. Nach der Deportation der polnischen Juden 1938
war das Gebäude Unterkunft für Schüler, Kinderheim und Sammelstelle
auf dem Weg in die Deportation (vgl. Oppenheimer Stift, S. 50), bis es 1943
unrechtmäßig an die deutsche Reichsfinanzverwaltung übertragen und
an eine Privatperson weiterverkauft wurde. Nach der Zahlung einer Aus-
gleichssumme konnte der Besitzer das Grundstück 1952 behalten.

VATERSTÄDTISCHE STIFTUNG

1848 wurde die Gleichstellung der Hamburger Juden mit den Christen im Rat und der Bürgerschaft beschlossen. Als Denkmal für dieses
bedeutsame Datum wurde der »Schillings-Verein für Freiwohnungen«
gegründet. Das zu jener Zeit einzigartige, durch Spenden finanzierte
Vorhaben sollte sowohl Menschen mit jüdischem als auch christlichem
Glauben zugutekommen. Die mietfrei zur Verfügung gestellten Wohnungen wurden – wie in der Satzung von 1878 festgeschrieben – an
»in gedrückten Verhältnissen lebende Angehörige des hamburgischen
Staates« vergeben. Wer den Zuschlag für eine der kleinen Wohnungen
erhielt, entschied bei gleicher Bedürftigkeit das Los. Um auszuschließen,
dass die Freiwohnungen als Almosen angesehen wurden, sollten die Bewohner jeden Freitag einen Schilling an die Stiftung abgeben. Rückhalt
fanden die jüdischen Initiatoren auch im christlichen Bürgertum. Als der
Kaufmann John Rudolf Warburg 1874 neuer Vorsitzender wurde, erlebte
die Stiftung materiell wie ideell einen großen Entwicklungsschub. Es
folgten zahlreiche Stiftsneubauten in Eppendorf und Eimsbüttel.

In der Kielortallee gehören das Rosenthal-Altenhaus, das Max-und Mathilda-Bauer-Stift sowie das Theodor-Wohlwill-Stift der Vaterstädtischen Stiftung an. Ein weiteres Haus in Eimsbüttel, das Otto-Rautenberg-Stift, befindet sich an der Tornquiststraße 19 B. Noch immer ist die Vaterstädtische Stiftung mit aktuell 422 Wohnungen, verteilt auf zehn Stiftsgebäude, aktiv. Die kleinen Wohnungen werden weiterhin gegen geringe Mieten an bedürftige ältere Menschen vergeben, die noch ein selbständiges Leben mit eigenem Haushalt führen können.

3 WOHNSTIFTE KIELORTALLEE

Hamburg zählt zu den Städten mit den meisten Stiftungen in Deutschland. Ende des 19. und Anfang des 20. Jahrhunderts erreichte das Hamburger Stiftungswesen seinen Höhepunkt. Viele wohlhabende Kaufleute übernahmen karitative Aufgaben und wandelten ihr Vermögen in Stiftungen um. Diese wurden häufig für den Bau von Wohnungen eingesetzt und kamen besonders alten verarmten Frauen und Familien mit geringem Einkommen zugute. Innerhalb Eimsbüttels bildet die Kielortallee eine Art Stiftequartier.

Oppenheimer Stift, Kielortallee 22/24
Das von Hirsch Berend Oppenheimer 1868 gegründete Stift – nicht zu verwechseln mit dem Oppenheim-Stift in Eppendorf – zog 1907/08 vom Krayenkamp in die Kielortallee. Dort errichtete Regierungsbaumeister Ernst Friedheim, der auch die Talmud-Tora-Schule und zusammen mit Semmy Engel die Synagoge am Bornplatz erbaute, das Oppenheimer Stift in Form einer »Hamburger Burg« (vgl. Eimsbüttel-Zentrum-Spaziergang), sodass es äußerlich wie ein zeitgenössisches Etagenhaus aussah und keine Rückschlüsse auf den sozialen Status seiner Bewohner zuließ (Abb. 7). Das Innere wurde durch 23 Zwei- bis Dreizimmerwohnungen erschlossen, jede Wohnung war mit einer Toilette, Küche und einem abgeschlossenen Flur ausge-

stattet. Gegen eine geringe Gebühr durften die Bewohner eines der vier Bäder im Keller nutzen. Ansonsten wohnten die Familien mietfrei. Bedingungen für die Antragsteller waren, dass sie weder regelmäßige Zuwendungen von der Stadt erhielten noch als öffentliche Bettler bekannt sein durften. Außerdem sollten sie im Sinne der jüdischen

7 OPPENHEIMER STIFT

Religion ein orthodoxes Leben führen. Zum Stift gehörte deshalb auch eine Synagoge. Sie war in das Gebäude integriert und von der Straße aus nicht zu erkennen, nur die Apsis ragte in den Garten. Die Bewohner waren verpflichtet, morgens und abends die Synagoge zu besuchen, auch Nachbarn konnten am Gottesdienst teilnehmen. Den Hausmeisterposten hatte ein nichtjüdisches Ehepaar inne, damit die anfallenden Arbeiten auch am Sabbat und an den Feiertagen erledigt werden konnten. Die Synagoge im Oppenheimer Stift war die einzige Synagoge in ganz Hamburg, die während der NS-Zeit nicht zerstört wurde. Für 122 Menschen war das »Judenhaus« im Stift die letzte Wohnadresse, bevor sie nach Auschwitz und Theresienstadt deportiert wurden. Im September 1945 wurde hier die jüdische Gemeinde Hamburgs neu gegründet (vgl. Synagoge Hohe Weide, S. 57). Inzwischen ist das Haus in Eigentumswohnungen umgewandelt worden.

Rosenthal-Altenhaus, Kielortallee 23

Im Jahr der Eröffnung der gegenüberliegenden Grundschule, 1905, konnte nach einer testamentarisch festgelegten Schenkung des jüdischen Kaufmanns Semmy Schaia Rosenthal an die Vaterstädtische Stiftung das Rosenthal-Altenhaus realisiert werden. Bei der Auswahl der Bewerber für die 29 Familien- und zehn Einzelwohnungen wurden ehemalige einfache kaufmännische Angestellte im Alter von über sechzig Jahren mit Wohnsitz in Hamburg bevorzugt, die Religion spielte bei der Auswahl keine Rolle. 1909 konnte die von Hugo Stammann & Gustav Zinnow erbaute T-förmige Anlage annähernd paritätisch von Juden und Christen bezogen werden. Im Gegensatz zum Oppenheimer Stift auf der anderen Straßenseite lässt die Architektur des Rosenthal-Altenhauses auf seine Nutzung schließen. Mit seinen rot umrahmten Fenstern und kontrastierenden gelben Klinkerflächen strahlt das Gebäude eine Mischung aus Würde, Strenge und Bedürftigkeit aus (Abb. 8). Der hinter dem Gebäude angelegte Garten wird ebenso von den Bewohnern des benachbarten Max-und-Mathilda-Bauer-Stifts genutzt.

Max-und Mathilda-Bauer-Stift / Theodor-Wohlwill-Stift, Kielortallee 25 + 26
Die beiden das untere Ende der Kielortallee flankierenden Stifte wurden kurz hintereinander, zwischen 1926 und 1928 sowie 1929/30, von dem Architekturbüro Dyrssen & Averhoff entworfen. Sie tragen die Namen ihrer Stifter. 47 der 53 Wohnungen im Max-und Mathilda-Bauer-Stift waren für alleinstehende Frauen vorgesehen, sechs für Ehepaare. Die Fläche der 25

8 ROSENTHAL–ALTENHAUS, UM 1908

Quadratmeter großen Einzimmerwohnungen wurde äußerst funktional aufgeteilt: Bettnischen im Wohnzimmer, eingebauter Kleiderschrank, Besenkammer im Vorraum, Küche mit Speisekammer und gemeinschaftlich genutzte Toiletten und Bäder auf den Fluren. Der Boden war mit Linoleum ausgelegt. Die fast identischen Fassaden der beiden Stifte lassen sich nicht eindeutig einer Stilrichtung zuordnen. Wie häufig im Hamburg der 1920er Jahre vereinen sich hier so gegensätzliche Strömungen wie Heimatschutzbewegung, Expressionismus und Neues Bauen in einem Gebäude. Der Umriss des Hauses mit Walmdach sowie die Buckelglasfenster mit Einfassungen aus Naturstein entsprechen einer traditionellen Formensprache, während die Baukeramiken am Eingangsbereich und besonders die Typografie des Schriftzugs »Vaterstädtische Stiftung« dem expressionistischen Zeitgeist entsprechen. Die Verwendung des sehr dunklen Oldenburger Klinkers orientiert sich an den städteplanerischen Vorgaben Fritz Schumachers.

Nun geht es rechts in die Gustav-Falke-Straße. Am Ende des Theodor-Wohlwill-Stifts gibt es rechts einen Zugang zum Blockinneren. Von dort kann man das Halbrund der ehemaligen Synagoge des Oppenheimer Stifts sehen. Am Ende der Gustav-Falke-Straße biegen wir links in die Bogenstraße, lassen das Helene-Lange-Gymnasium rechts liegen, passieren die 1934 von Fritz Schumacher geplante Ida-Ehre-Schule, überqueren die Schlankreye und gehen auf Höhe der Bogenstraße 43 links durch den Torweg des Wohnblocks der Malerei-Gesellschaft bis zum Werkstattgebäude.

KLINKER

Im Unterschied zu Backstein können Klinkersteine wegen ihres größeren Anteils an Mineralen mit höheren Temperaturen gebrannt werden. Dadurch werden Klinker äußerst wasserundurchlässig, frostbeständig und erhalten den typischen irisierenden Glanz. Das Farbspektrum reicht von Hellgrau über Gelb bis zu Dunkelviolett. Als das Viertel rund um die Schlankreye zwischen 1914 und 1938 aufgebaut wurde, galt Klinker als der Baustoff schlechthin. Oberbaudirektor Fritz Schumacher propagierte seine praktischen Vorzüge wie etwa seine »Konstruktionsehrlichkeit« und war von der sinnlichen Wirkung des Klinkers fasziniert. Backstein entspricht dem Klima und der Bodenbeschaffenheit Norddeutschlands und strahlt nach Schumachers Worten »Bodenständigkeit« sowie eine »herbe und ernste Schlichtheit« aus. Stilfragen traten bei den Backsteinbauten in den Hintergrund, da Schumacher die Farbentfaltung einer flächigen Backsteinwand für ästhetisch wirkungsvoller hielt als die Gesamtform oder einzelne Dekorationselemente. Um den Farbeindruck zu unterstreichen, waren fehlgebrannte Klinkersteine wegen ihres individuellen Aussehens sehr beliebt. Auch die Farbe und die Breite der Fugen spielten beim Gesamtklang einer Fassade eine entscheidende Rolle.

4 BLOCK DER MALEREI-GESELLSCHAFT, SCHLANKREYE 3–25, BOGEN-STRASSE 43–47, HEYMANNSTRASSE 6–10

Die Breitseite der dreiflügeligen Wohnanlage erstreckt sich entlang der Straße Schlankreye, die beiden kurzen Seiten liegen an der Heymannstraße und der Bogenstraße, die vierte Seite wird vom Damm der Hochbahn begrenzt (Abb. 9). Die einzigen Akzente an der großflächigen Fassade setzen eine Art Ehrenhof und mehrere mittlerweile von Weinranken verdeckte Gebäudevorsprünge an den Flügeln. Bauherrin des zwischen 1926 und 1929 errichteten Klinkerblocks war die Malerei-Gesellschaft. Die Arbeits- und Lebensgemeinschaft wurde 1910 von Hamburger Malergesellen gegründet und war Teil der Arbeiter- und Bauhüttenbewegung (vgl. Station »Siedlung Lokstedt« im Lokstedt-Spaziergang), die keine Revolution, sondern eine sich schrittweise entwickelnde sozialistische Gesellschaft anstrebte. Obwohl in der modernen City die Trennung von Wohnen und Arbeiten zu großen Teilen schon vollzogen war, versuchte die Malerei-Gesellschaft, die beiden Funktionen im Häuserblock an der

9 BLOCK DER MALEREI-GESELLSCHAFT, UM 1929

Schlankreye erneut zusammenzubringen. Die Idee des kollektiven Wohnens und Arbeitens blieb im Hamburg der 1920er Jahre ein einmaliges soziales Experiment. Außer für diese gesellschaftliche Utopie setzte sich die Malerei-Gesellschaft dafür ein, die innerbetrieblichen Abläufe zu perfektionieren. Ziele waren u.a., die Arbeitsbereiche im Handwerk stärker zu spezialisieren und neue Technologien einzusetzen. 1928 hatte sich die Malerei-Gesellschaft zu einem der größten und modernsten Malerbetriebe in Hamburg entwickelt und galt mit 126 fachlich erstklassigen und zudem sozial abgesicherten Arbeitern und Angestellten als vorbildlicher Betrieb. Für die Mitglieder sollten im Block an der Schlankreye bezahlbare Wohnungen und ein Handwerksbetrieb entstehen. Den Mittelpunkt der Anlage bildete deshalb das Werkstatt-, Betriebs- und Ausbildungshaus im Hofbereich (Abb. 10), um das sich die Wohnanlage gruppierte. Im überhöhten Mittelteil des Werkstattgebäudes befand sich der Ateliersaal der Dekorationsmaler (Abb. 11), der nicht zu den Wohnungen hin, sondern mit seiner Schauseite zum Damm der Hochbahn ausgerichtet war. Die modernen Wohnungen lagen mit drei oder vier Zimmern inklusive Küche

56

und Bad allerdings deutlich über dem Standard einer durchschnittlichen Arbeiterwohnung und waren für die meisten Genossenschaftsmitglieder der Malerei-Gesellschaft nicht erschwinglich. Das Projekt scheiterte an den zuvor zu leistenden Baukostenzuschüssen und an dem letztlich doch bürgerlichen Maßstäben nacheifernden Repräsentationswillen der Arbeiterbewegung. Ein ehemaliges Mitglied der Malerei-Gesellschaft berichtet, dass statt der avisierten Bewohnerschaft Ingenieure, Prokuristen, SPD-Funktionäre, Kaufleute, Musiker und Gewerkschaftsangestellte in den Block der Malerei-Gesellschaft zogen. Äußerlich orientiert sich der von den Architekten Berg & Paasche errichtete Block an den Vorgaben des Oberbaudirektors Fritz Schumacher. Die Architekten setzten vor allem auf die Wirkung der Klinkersteine und verzichteten trotz der großen Wandfläche fast vollständig auf gliedernde Architekturelemente. Risalite, Gesimse im ersten und vierten Stock sowie das Walmdach unterstreichen den traditionalistischen Charakter des Hauses. Eine Ausnahme bilden die Haustürumrahmungen und Hausnummernbeleuchtungen mit expressionistischen, teilweise figürlichen Baukeramiken.

10 WERKSTATTGEBÄUDE DER MALEREI-GESELLSCHAFT, UM 1929

11 ATELIERSAAL IM WERKSTATTGEBÄUDE DER MALEREI-GESELLSCHAFT, UM 1929

Am Ende des Hofs geht es rechts unter dem Hochbahndamm hindurch und gleich links zur Synagoge.

5 SYNAGOGE UND JÜDISCHES GEMEINDEZENTRUM, HOHE WEIDE 34

26 000 Hamburger jüdischen Glaubens wurden während des Holocausts aus der Stadt vertrieben oder ermordet, sämtliche Synagogen 1938 zerstört. 72 Überlebende gründeten im September 1945 die »Jüdische Gemeinde in Hamburg« neu. Zum Beten trafen sich die Mitglieder bis zum Bau der neuen Synagoge an der Hohen Weide in der Synagoge des Oppenheimer Stifts (vgl. Stiftsbauten). Die neue Synagoge wurde von Klaus May und Karl-Heinz Wongel 1959 entworfen und von einem Entschädigungsfonds des Amtes für Wiedergutmachung finanziert (Abb. 12). Die umfangreichen Räumlichkeiten des Gebäudekomplexes umfassen im Erdgeschoss zwei

Beträume, den Gemeindesaal, einen Schulraum, das Foyer sowie Wohnungen für den Rabbiner und den Kantor. Im Keller befinden sich neben dem Jugendzentrum eine große koschere Küche und die Mikwe, das rituelle jüdische Tauchbad. Im Obergeschoss sind weitere Räume und die Hausmeisterwohnung untergebracht. Den Mittelpunkt der Anlage bildet jedoch das Gotteshaus. Als fünfeckiger Zentralbau überragt es an der Nordwestecke des Grundstücks die übrigen Gebäude. Das Fünfeck, dessen Form an das Siegel Salomons erinnern soll, umschließt den großen Betsaal (Abb. 13). Der daran angrenzende kleinere Betsaal für Werktage kann durch eine verstellbare Faltwand mit dem größeren Saal verbunden werden. Zusammen ergeben sich so 450 Plätze. Der Betraum für die Frauen befindet sich nach der jüdischen Tradition auf der Empore. Zu den unveränderbaren kultischen Bräuchen gehören auch der immergleiche Platz für den Thoraschrein an der Ostwand, Richtung Jerusalem, und festgelegte Standorte für Thorapult, Vorbeterpult und Chanukka-Leuchter. Sie stehen hinter Balustraden auf verschieden hohen Ebenen im ansonsten fast schmucklosen Raum. Ein besonderes Gestaltungselement des Innenraums sind die fünf hochrechteckigen Glasfenster mit symbolischen Darstellungen des Davidsterns, der Gesetzestafeln, der Thorarolle, des Leuchters und des Gewürzkastens. Je nach Himmelsrichtung wählte der Maler Herbert Spangenberg dafür hellere oder dunklere Farben. Der Entwurf wurde von einer Hamburger Werkstatt für Glasmalerei in mundgeblasenem Antikglas ausgeführt. Der Komplex öffnet sich mit Glaswänden und Glastüren zum Innenhof. Dort befindet sich ein Gartenhof, auch für Besucher. Der Psalm in hebräischer Sprache über dem Haupteingang der Synagoge bedeutet: »Es möge Frieden sein in deinen Mauern und Glück in deinen Palästen!« Auf dem kupfergrünen Dach ist ein kleiner Davidstern angebracht. Die jüdische Gemeinde in Hamburg ist mittlerweile auf 3200 Mitglieder angewachsen. Seit

13 SYNAGOGE, GROSSER BETSAAL

1990 schützt ein hoher Metallzaun die Synagoge vor Anschlägen und Beschädigungen. Sie wird rund um die Uhr von der Polizei bewacht. An der nächsten Kreuzung führt der Weg rechts in die Bundesstraße. Auf dem großen Eckgrundstück Bundesstraße/Hohe Weide wurde 2011 das Agaplesion Diakonieklinikum eröffnet. Das rund 101 Millionen Euro teure Gesundheitszentrum setzt neben einer modernen Grund- und Regelversorgung auf Spezialisierung und fachübergreifende Zusammenarbeit.

 6 EIMSBÜTTELER TURNVERBAND, BUNDESSTRASSE 96

Die beiden seit 1889 bestehenden und anfangs zerstrittenen Turnvereine Eimsbüttels führte bald der Wunsch nach einer großen Turnhalle zusammen. Die Hamburger Finanzdeputation sicherte ihre Unterstützung nur unter der Bedingung zu, dass sich beide Vereine zu einem einzigen finanzkräftigen Verein zusammenschlössen. Nach einer einjährigen Verhandlungsphase gründete sich daraufhin am 19. Februar 1898 der Eimsbütteler Turnverband. Für die Eigenmittel wurde ein Turnhallenbaufonds ins Leben gerufen, der neben Spenden auch aus den Überschüssen von Kostümfesten, Lotterien und Turnzusammenkünften gespeist wurde.

14 TURNHALLE ETV, UM 1910

Für die Vergabe eines Bauplatzes stellte die Stadt jedoch noch eine weitere Bedingung. Die Vereinsturnhalle sollte gleichzeitig auch die Schulturnhalle der Oberrealschule werden (vgl. Station 7). Sie konnte schließlich 1910 eingeweiht werden (Abb. 14 + 15). Die meisten Sportarten wurden seit den Anfängen des Vereins angeboten, der auch als sozialer Treffpunkt im Viertel diente. Große Erfolge feierten die Faustballer, die 1928 die Deutsche Meisterschaft gewannen, und der Hochspringer Hans Liesche, der bei den Olympischen Spielen 1896 eine Silbermedaille holte. In den 1950er Jahren spielte die Fußballabteilung in der Oberliga Nord viele Jahre eine beachtliche Rolle. Einmal kam sogar Sepp Herberger nach Hamburg, um Ausschau nach neuen Talenten für die Nationalmannschaft zu halten. Doch der Wandel des Fußballs vom Volkssport zum gewinnträchtigen Millionenspiel hat auch vor dem ETV nicht Halt gemacht, und wie fast alle Stadtteilvereine ist dieser in den unteren Ligen verschwunden. Mit knapp 12 000 Mitgliedern und dreißig angebotenen Sportarten ist der ETV einer der größten Breitensportvereine in Deutschland. Auch Trendsportarten wie die brasilianische Kampfkunst Capoeira, Inline-Skating oder Sicherheitstraining für Wassersportler sind inzwischen in das Programm aufgenommen worden.

Die Rolle des ETV während des Nationalsozialismus ist erst in jüngster Vergangenheit aufgearbeitet worden. Zur Geschichte des Vereins gehört, dass sich im Hauptgebäude zwischen 1940 und 1943 ein Zwangsarbeiterlager mit zeitweise 385 Insassen befand. Und zu ihr gehört auch, dass viele Mitglieder des ETV zugleich Mitglieder der NSDAP waren oder den völkisch und stark antisemitisch orientierten Bewegungen nahestanden. Auch personelle Kontinuitäten sind Teil der Vereinsgeschichte. Robert Finn, der während der gesamten NS-Zeit Stellvertreter des Vereinsführers und NSDAP-Mitglied gewesen war, übernahm nach dem Zweiten Weltkrieg die Leitung des Vereins, obwohl seine Entnazifizierung durch die Engländer zweimal scheiterte. Die Große Halle wurde 1977 in »Robert-Finn-Halle« umbenannt und erhielt erst 2007 ihren alten Namen zurück. Der Fußballplatz und der Softballplatz – nach den NSDAP-Mitgliedern Julius Sparbier und August Bosse benannt – heißen seit 2010 »Fußballplätze Bundesstraße« und »Softballplatz Hoheweide«. Zum Gedenken an die Opfer wurde im Eingangsbereich der Turnhalle eine Granitstele mit den Namen der verfolgten und ermordeten ETV-Mitglieder aufgestellt. Eine zweite Stele mahnt mit deutlichen Worten daran, dass Deutschland den Ersten Weltkrieg mit verursacht und den Zweiten Weltkrieg geplant und begonnen hat. Des Weiteren erklärt eine Tafel an der Hohen Weide die Entstehung der Hakenkreuze, die sich noch immer unter den Fenstern der Fassade an der Hohen Weide befinden. Sie waren

15 TURNERINNEN DES EIMSBÜT-
TELER TURNVEREINS, UM 1910

ein politisches Signum der deutsch-national geprägten Turnbewegung. Das Turnerkreuz – durchaus auch als Kampfzeichen zu verstehen – setzt sich aus der vierfachen Verwendung des Buchstabens »F« zusammen und verdichtet das Motto »Frisch, fromm, fröhlich, frei« zum Zeichen.

Die Turnhalle grenzt direkt an das Nachbargrundstück und ist durch einen Verbindungsgang an das Gymnasium Kaiser-Friedrich-Ufer angeschlossen.

7 GYMNASIUM KAISER-FRIEDRICH-UFER, KAISER-FRIEDRICH-UFER 6

Die Schule nannte sich »lateinlose höhere Bürgerschule« für Jungen und wurde 1892 in einer Villa in der Weidenallee 65 eröffnet. Wegen der rasant steigenden Schülerzahlen zog sie an den Weidenstieg, aber auch das Gebäude dort wurde schnell zu klein. Nun gab es Überlegungen, den Bau einer neuen Oberrealschule mit dem Bau der Vereinsturnhalle für den Eimsbütteler Turnverband zu verbinden. Um Kosten zu sparen, sollte die Schule keine eigene Turnhalle erhalten, sondern die Vereinsturnhalle mitnutzen. Als Ausgleich genehmigte der Senat dem Sportverein ein Darlehen in Höhe von 120 000 Mark für den seit langem geplanten Turn-

16 GYMNASIUM KAISER-FRIEDRICH-UFER, EINGANG / 17 NEUBAU SCHULCAFETERIA

hallenbau. Als Bauplatz wurde eine Fläche am Isebekkanal favorisiert. Da diese jedoch im Bebauungsplan als Grünanlage eingetragen war, stellte die Stadt eine Ausgleichsfläche am »Eimsbütteler Park« zur Verfügung.

18 PELIKAN–BRUNNEN

Die Schule, die oberste in der Hierarchie der Eimsbütteler Schulen, wurde 1907 von Albert Erbe (1868–1922), dem Vorgänger und Vorbild Fritz Schumachers, entworfen. Die Einweihung erfolgte am 27. Januar 1912, dem Geburtstag Kaiser Wilhelms II. Die Schauseite des nahezu unveränderten Schulgebäudes ist das große imposante Eingangsportal am Isebekkanal (Abb. 16). Dort laufen die beiden im stumpfen Winkel zueinander gestellten, den Schulhof umschließenden Flügel zusammen. Im Verlauf der Bundesstraße grenzt eine Mauer mit Tierreliefs den Schulhof zur Straße ab. Die Sockelzone der Flügel setzt sich mit hellgrauem Haustein von den Geschossen ab, die beiden oberen Etagen werden von einem Gesims zusammengefasst. Die Fassadenflächen der Flügel leben vom Rhythmuswechsel der ein-, zwei- und dreiteiligen Fenstergruppen. Im monumentalen Hauptportal wird neben Backstein auch Sandstein eingesetzt. Die schlossartigen, von Pilastern gerahmten Fensterflächen und Balustraden entlehnen ihre Formensprache dem Barockpalais genauso wie die durch Sandsteinpfeiler dreigeteilte, erhöhte Vorhalle. Am Verbindungsgang zur Turnhalle ist eine neue vollverglaste Schulcafeteria entstanden (Abb. 17). Das »Wahrzeichen« der Schule ist der Pelikan-Brunnen aus türkis- und rosafarbenen Majolikakacheln (Abb. 18). Er steht seit 1913 in der Aula und ist Namensgeber für das Schuljahrbuch des Gymnasiums.

1968 wurde allgemein die Aufnahmeprüfung für das Gymnasium abgeschafft und an dieser Schule die Koedukation von Jungen und Mädchen eingeführt. Seit 1970 findet kein Samstagsunterricht mehr statt, und seit

1972 haben das Kaifu- und das Helene-Lange-Gymnasium eine gemeinsame Oberstufe, bekannt unter dem Namen »Eimsbütteler Modell«. Das vielseitige Kursangebot und die voruniversitäre Atmosphäre wirken sich positiv auf die über dem Hamburger Durchschnitt liegenden Abiturnoten aus. Am Kaifu-Gymnasium werden zurzeit rund 800 Schüler von 65 Lehrern unterrichtet. Berühmt gewordene Schüler des Kaifu-Gymnasiums sind der Schriftsteller und Orgelbauer Hans Henny Jahnn, der hier 1914 sein Abitur ablegte, der Tennisspieler Tommy Haas sowie der deutsch-türkische Komödiant Buddy Ogün.

Es geht nun weiter geradeaus und dann links über die Goebenbrücke an der 1943 zerstörten und nicht wiederaufgebauten St.-Philippus-Kirche vorbei. Am Ende der Straße stoßen wir auf die Bethlehemkirche.

8 BETHLEHEMKIRCHE, EPPENDORFER WEG 131

Zu den dringlichen Neubauaufgaben der Nachkriegszeit gehörten unter anderem auch die Kirchengebäude. Ein ehrgeiziges Programm dieser Zeit schrieb vor, dass jede Person fußläufig nur fünfzehn Minuten von einer Kirche entfernt wohnen sollte. 1959 war eine vierte Kirche im Stadtteil Eimsbüttel vorgesehen, die Bethlehemkirche von Joachim Matthaei (1911–1999). Die Kirche zählt aufgrund ihres klaren Aufbaus und ihrer baukünstlerischen Qualitäten im bundesdeutschen Vergleich zu den wichtigsten Kirchen der Wiederaufbauzeit. Der äußerlich sehr sparsam erscheinende Stahlbetonskelettbau auf nahezu rechteckigem Grundriss entfaltete seine besondere Wirkung im Innern (Abb. 19–21). Die Wände des leicht eingezogenen Chors sind durch ein gemauertes, rot-weißes Streifenmuster vom ehemaligen Kirchenraum abgesetzt, und die Mittelachse hinter dem Altartisch wird durch ein abstrahiertes, ebenfalls gemauertes Altarbild, den Stammbaum Christi, hervorgehoben. Die an der Holzdecke sichtbaren Betonstützen verschwinden in den Seitenwänden in einer leicht vor und zurück schwingenden, gelochten Backsteinwand. Dahinter befand sich eine integrierte Wandheizung. Die Belichtung des ehemaligen Kirchen-

19 BETHLEHEMKIRCHE, UM 1960 / 20 EMPORE MIT ORGEL, 1992

raums erfolgt an den Längsseiten über zwei hoch liegende Fensterbänder aus Betonfertigteilen. Damit der Chor stärker erstrahlte, wurden unten im Altarraum zusätzliche Fenster angebracht. Der kompakte konzentrierte Raumeindruck wurde durch keinerlei hängende Beleuchtungskörper gestört, Licht gaben lediglich dezente Wandlampen und Leselampen an den Bänken. Die Gestaltung des Altars, der Kanzel, des Lesepults, des Fußbodens und des Taufbeckens gehen ebenfalls auf Entwürfe von Joachim Matthaei zurück. Für ihn stand jedoch nicht die kunstgewerbliche Ausstattung, sondern die Architektur im Vordergrund. Der Architekt sagte über seinen Bau, dass er auf allzu Kompliziertes, auf Routiniertes und Raffiniertes verzichtet habe. Vorbild sei nicht ein existierender Kirchenbau, sondern die Musik Johann Sebastian Bachs gewesen. Wie für Schumacher waren auch für Matthaei Ziegelbauten eine quasi naturwüchsige Norm des norddeutschen Bauens (vgl. Klinker, S. 53). Für die Bethlehemkirche

21 INNENRAUM NACH SÜDEN MIT BLICK ZUM ALTAR, BETHLEHEMKIRCHE 1992

verwendete er eine eher selten gebräuchliche Art von hellroten Ziegeln aus Belgien. Das Bronzeportal, 1958/59 von Fritz Fleer entworfen, zeigt Szenen aus der Geburtsgeschichte Jesu in Anlehnung an den Namen der Kirche.

1998 fusionierten die vier evangelischen Kirchengemeinden Eimsbüttels – Christuskirche (von 1886), Apostelkirche (von 1894), Stephanuskirche (von 1912) und Bethlehemkirche (von 1959) – zu einer der ersten nordelbischen Großgemeinden. Grund dafür waren die zahlreichen Kirchenaustritte seit dem Ende der 1970er Jahre. Während 1977 knapp 65 Prozent der Hamburger Bevölkerung der evangelischen Kirche angehörten, waren es 2010 nur noch 29 Prozent. Schrumpfende Mitgliederzahlen bedeuteten geringere Einnahmen, und 2003 mussten die Bethlehemkirche und die Stephanuskirche als Kultraum aufgegeben werden. In Hamburg wurden aus den gleichen Gründen noch sechs weitere Kirchen entwidmet. Die Umbaukosten von 1,2 Millionen Euro für eine Kindertagesstätte hat die

22 KINDERTAGESSTÄTTE BETHLEHEMKIRCHE

Bethlehemkirche mit dem Verkauf eines Teils des Gemeindegrundstücks finanziert. Jetzt steht ein zweistöckiges Kindergartenhaus mit offenen Glasfronten dort, wo früher die Kirchenbänke waren. Davor befindet sich ein wind- und wettergeschützter Innenspielplatz (Stölken Schmidt Architekten, Abb. 22). Bis auf die neu eingezogenen Oberlichter im Dach blieb das Kirchenschiff nahezu unverändert. Auch der freistehende Kirchturm konnte nach der Entwidmung erhalten werden, und nur die seitlich angebaute Taufkapelle und die Sakristei mussten abgerissen werden. Der Umbau gilt als vorbildhaft für Kirchenumnutzungen.

Wer mag, kann nun am Ende der Alardusstraße, auf der gegenüberliegenden Seite des Schulwegs, den Rundgang durch Hoheluft-West in umgekehrter Richtung anschließen.

BARS / CLUBS

Auster Bar
Henriettenweg 1
www.auster-bar.de
→ *Bar mit schickem Ambiente*

CAFÉS / RESTAURANTS

Biokonditorei Eichel
Osterstraße 15
www.biokonditorei-eichel.de
→ *Hamburgs erste Biokonditorei, alles ohne Zusatzstoffe*

Brüdigams
Eppendorfer Weg 98
www.bruedigams.de
→ *gehobene Bistroküche und lauter Kochbücher*

Dilara
Weidenstieg 24
www.restaurant-dilara.de
→ *türkisches Restaurant mit nettem Service und Biergarten*

Dionysos
Eppendorfer Weg 67
www.dionysos-hamburg.de
→ *ungewöhnlicher Grieche, hellenische Tapas*

Eiscafé Kaifu
Bismarckstraße 51
→ *Eisverkauf aus dem ehemaligen Toilettenhäuschen am Isebekkanal*

Elbe 76
Bismarckstraße 60
www.elbe76.de
→ *gute Pizza, Biofleisch und Live-Musik*

Esszimmer – FeineKost
Eppendorfer Weg 73
www.esszimmer-feinekost.de
→ *Frühstück, Mittagstisch und erlesene Speisen zum Mitnehmen*

Hadley's Café Bar
Beim Schlump 84 A
20144 Hamburg
→ *gemütliches Café im ehemaligen Rot-Kreuz-Krankenhaus*

Japanisches Restaurant Hokkai
Von-der-Tann-Straße 3
www.hokkai.de
→ *frischer Fisch und leckere japanische Gerichte*

Kitsune Izakaya
Eppendorfer Weg 62
www.kitsune-izakaya.de
→ *kreative japanische Küche*

Mathilde, Literatur & Café
Bogenstraße 5
www.mathilde-hh.de
→ *Café mit Bücherregal – Suppen, Snacks und viele Lesungen*

Meisenfrei
Eppendorfer Weg 75
→ *familiäre Kneipe, gut zum Versacken*

Sweet Virginia
Bismarckstraße 10
www.sweetvirginia.net
→ *Essen auf weißen Tischdecken*

Vesper – Speis und Trank
Osterstraße 10
www.restaurant-vesper.de
→ *großes, lebendiges Ecklokal*

LÄDEN

Alice im Bücherland
Eppendorfer Weg 103
www.alice-buch.de
→ *auf den Vornamen der Besitzerin getaufter Stadtteilbuchladen*

Behütet
Birke Breckwoldt
Weidenstieg 16
www.birkebreckwoldt.de
→ *schöne Hüte*

Bloom
Eppendorfer Weg 56
www.bloom-hamburg.de
→ *gute Mode, nicht ganz preiswert*

Eimsbütteler Fahrradladen
Osterstraße 13
→ *Fahrradgeschäft mit Werkstattatmosphäre*

Figueroa
Eppendorfer Weg 54
www.figueroa.de
→ *raffinierte Bademoden und reizende Unterwäsche*

Florales – der Blumenladen
Eppendorfer Weg 66
www.florales-derblumenladen.de
→ *frische Blumen und Verkäufer*

Hello Couture
Braren Gröhnke
Weidenstieg 11
www.hello-mode.de
→ *elegante Abendmode und Brautkleider aus dem Hinterzimmer*

Leder Israel
Schulweg 34–40
www.leder-israel.de
→ *Taschen und Koffer seit 1890*

made in africa collection
Schulweg 50 (Ecke Osterstraße)
www.mia-collection.de
→ *neues Design aus Afrika*

Palais XIII
Henriettenweg 13
www.palais13.de
→ *handgefertigtes Porzellan und Wohnaccessoires*

tm room 77
Eppendorfer Weg 77
www.tmroom77.com
→ *skandinavische Mode und Wohndesign*

van Houtem Bäder
Eppendorfer Weg 97
www.vanhoutembaeder.de
→ *edelstes Baddesign*

Waldstück
Osterstraße 108
www.waldstueck.com
→ *Sachen aus heimischen Hölzern*

Zapatos Schuhe
Eppendorfer Weg 56
www.zapatos.de
→ *ein Klassiker für Schuh-Aficionados*

HOTELS

bedroomforyou
Bed & Breakfast
Tornquiststraße 1
www.bedroomforyou.de
→ *Altbauflair, gar nicht teuer*

Hadley's bed & breakfast
Beim Schlump 84
20144 Hamburg
→ *familiär Übernachten im Stadthaus Schlump*

Hotel Boritzka
Schäferkampsallee 67
www.hotel-boritzka.de
→ *familiär geführtes Hamburger Stadthotel*

Villa von Vopelius
Bismarckstraße 122
www.villahamburg.com
→ *Villa mit drei Apartments*

YoHo – the young hotel
Moorkamp 5
www.yoho-hamburg.de
→ *Treffpunkt für jüngere und weltoffene Menschen*

FREIZEIT / SPORT

Eimsbütteler Turn-verband e.V.
Bundesstraße 96
www.etv-hamburg.de
→ *einer der größten Breitensportvereine in Deutschland*

Kaifu-Bad
Hohe Weide 15
www.baederland.de / bad / kaifu.php
→ *Freibad, Hallenbad, Sauna, Sprungturm*

Kaifu-Lodge
Bundesstraße 107
www.kaifu-lodge.de
→ *hier trifft sich halb Hamburg*

Meridian Spa
Quickbornstraße 26
www.meridianspa.de
→ *Fitnesstempel für die gehobene Körperkultur*

KULTUR

Musikförderung e.V.
Eppendorfer Weg 58
www.musikfoerderung.de
→ *veranstaltet dreimal jährlich den Hamburger Opernsalon*

SOZIALES / NON-PROFIT

Hamburger Könige e.V.
Alardusstraße 20
www.hamburger-koenige.de
→ *Spendenverein für Kinderbetreuungs-einrichtungen in Hamburg*

HOHELUFT-WEST

3

Motel Hamburg ✴ Tabakfabrik von Eicken ✴ Straßenbahndepot ✴ Oberleitungen der Straßenbahn ✴ Beiersdorf ✴ Etagenhäuser Ottersbekallee ✴ Kirche St. Bonifatius ✴ Altes Michaelis-Krankenhaus ✴ Polizeiwache Eichenstraße

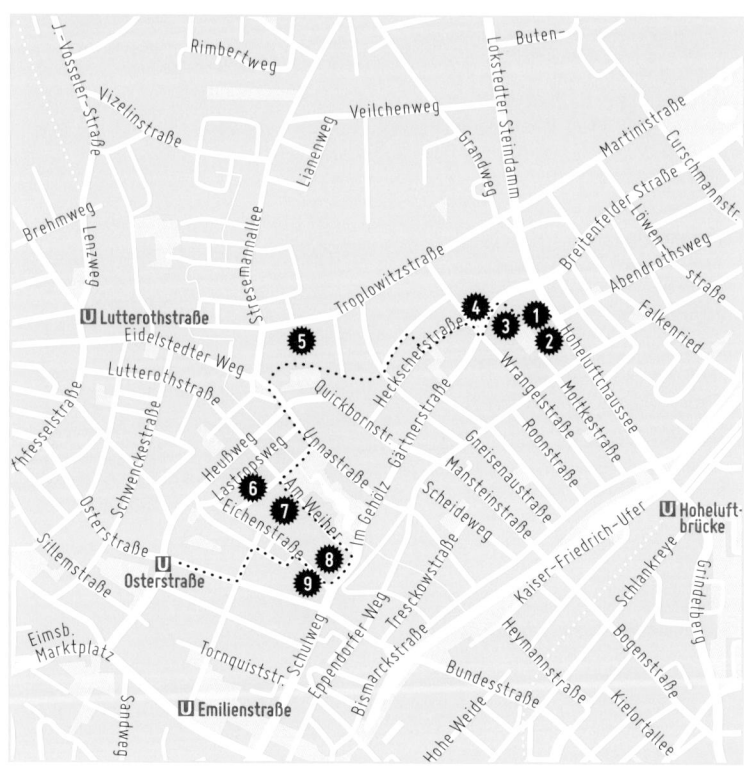

STARTPUNKT: Hoheluftchaussee / Gärtnerstraße (Haltestelle Gärtnerstraße / Buslinien 20, 25, 5)
ENDPUNKT: Eichenstraße (Haltestelle Schulweg / Buslinien 20, 25, 4)
DAUER: etwa 1,5 Stunden

Vom Dammtor aus erschlossen ungefähr seit 1815 drei große Wegstrecken die nördliche Umgebung der Stadt: Eine Landstraße führte Richtung Harvestehude, eine nach Rotherbaum und eine schließlich über den Grindelberg zur Isebek. Um 1815 waren die freien Ländereien um die heutige Hoheluftchaussee eine knappe Stunde Fußweg vom Dorfkern Eppendorfs entfernt, und Eimsbüttel lag in südwestlicher Richtung weitab. Außer ein paar Weideflächen für Pferde und Kühe (Hohe Weide) befand sich hier überwiegend Brachland. Einzig die Straße vom Dammtor – ein alter Heerweg – führte durch die dünn besiedelte Gegend und zog sich als Landstraße bis nach Lokstedt und Niendorf weiter. Die beiden Dörfer standen seit 1640 unter dänischer Herrschaft, das heißt, die Gegend um den alten Heerweg endete kurz hinter der Martinistraße am Grenzhaus Hoheluft. Dort war bis zum Zollanschluss Hamburgs 1888 auch eine Zollkontrolle eingerichtet. Mit der Aufhebung der Torsperre 1860 / 61 begann die rasche Erschließung: Wohlhabende Bürger zogen rund um die Bismarckstraße, und die Hoheluftchaussee entwickelte sich zu einer Hauptverkehrsader, auf der mehrmals täglich Pferdeomnibusse und Pferdebahnen verkehrten. Wegen des regen Durchgangsverkehrs schossen besonders an den Haltepunkten zahlreiche Gaststätten, Kutscherkneipen und andere Gewerbebetriebe aus dem Boden. Die Grundstücke waren im Gegensatz zu den alsternahen Gegenden preiswert und ausbaufähig. In den 1870er Jahren wurden die nach preußischen Generälen benannten Querstraßen zwischen Gärtnerstraße und Bismarckstraße angelegt und mit Etagenhäusern und einigen wenigen Stadtvillen bebaut. Schon zu dieser Zeit ließ die Wasserqualität der Isebek zu wünschen übrig. Nach mehreren Begradigungen wurde der kleine Fluss schließlich kanalisiert.

74   Der Stadtteil Hoheluft-West besteht erst seit 1939, bis dahin gehörten der West- und der Ostteil gemeinsam zu Eppendorf. Dann wurde der Stadtteil entlang der Hoheluftchaussee getrennt. Hoheluft-West gehört seitdem zum Bezirk Eimsbüttel, Hoheluft-Ost zum Bezirk Eppendorf. Die beiden Gebiete sind die zwei kleinsten Stadtteile Hamburgs. Die Mischung von ruhigen, grünen Wohnstraßen, dem lebhaften Eppendorfer Weg mit individuellem Einzelhandel und die abwechslungsreichen Cafés und Restaurants tragen zur hohen Lebensqualität in diesem Stadtteil bei. Der folgende Spaziergang mit kurzer Wegstrecke führt unter anderem an drei ungewöhnlichen Spielplätzen vorbei und eignet sich deshalb auch für Kinder. Los geht's an der Hoheluftchaussee, auf Höhe des Abendrothswegs, die rechte Seite abwärts.

1 MOTEL HAMBURG, HOHELUFTCHAUSSEE 117–119

Das Wort Motel ist eine moderne Wortschöpfung und setzt sich aus den beiden Wörtern Motor und Hotel zusammen. In Deutschland gewannen Motels erst für die sich rasant motorisierende Gesellschaft der Nachkriegszeit an Bedeutung und waren Ausdruck der Deutschen Wirtschaftswunderjahre. Die ersten Motels entstanden 1924 in Kalifornien als typische Ausstattung von Fernstraßen und waren meist ein Zusammenschluss von Tankstelle, Autoreparatur, Garage und Übernachtungsmöglichkeit. Alle vier Funktionen vereinte auch das Motel an der Hoheluftchaussee, das 1957/58 von dem Architekten Herbert Schmedje realisiert wurde. Zusammen mit einem Motel in Hamburg-Hamm ist es wegen seiner Lage inmitten von Wohnhäusern eine echte Rarität. Zunächst wurde 1955 eine Tankstelle der Deutsche Shell AG mit Wagenpflegehalle, Laden und Gaststättengebäude vorne an der Straße fertig gestellt. Sie ist nicht mehr in Betrieb, aber noch gut am charakteristischen Tankstellendach von 1966 zu erkennen, das zurzeit ein Getränkehandel als Reklamehalter nutzt. Den Weg zum eigentlichen Motel mit Zimmern und Autostellplätzen auf dem rückwärtigen Teil des Grundstücks weisen zwei kleine quadra-

1 MOTEL HAMBURG, UM 1960

tische Leuchtreklamen und zwei große Schriftzüge in Schreibschrift an
den Brandmauern der benachbarten Gebäude, beides ist noch aus der
Entstehungszeit erhalten. Dort gruppiert sich das zweigeschossige Motel
um einen ruhigen U-förmigen Innenhof (Abb. 1). Die Autostellplätze sind
jeweils im Erdgeschoss hinter den rostrot-weiß gestreiften Garagentüren
untergebracht, im Obergeschoss befinden sich die einfach ausgestatteten
Schlafräume jeweils mit Balkon. Die umlaufende Balkonbrüstung sowie
das Pultdach aus Wellmaterial werden von sehr schlanken, schräg gestellten Stützen in roter Farbe getragen. Ein Teil der Motelaußenwände ist
mit Mosaiken gefliest. Die in den Sommermonaten verwendete rot-weiße
Farbkombination der Geranien, abgestimmt mit den Garagentoren, un-
terstreicht den ansprechenden Gesamteindruck der Anlage. In der Mitte
des teilbegrünten Hofs plätschert ein Springbrunnen. Im Unterschied
zum Hotel sind die Zimmer eines Motels ohne den Umweg über eine Re-

zeption direkt von draußen erreichbar. Auch die Autostellplätze liegen in direkter Nähe zu den Zimmern, was den Transport des Gepäcks vom Auto zu den Betten erleichtert. Der Ausschank von alkoholischen Getränken und ein integrierter Gastronomiebetrieb sind in Motels unüblich. Auch im Motel an der Hoheluftchaussee wird lediglich ein Frühstücksservice angeboten.

Weiter geht's rechts auf der Hoheluftchaussee geradeaus herunter bis zur Hausnummer 95. Dort biegen wir rechts in die Hofeinfahrt der »Factory«.

TABAKFABRIK VON EICKEN, HOHELUFTCHAUSSEE 95

Im Hinterhof versteckt sich, von den Ladenhäusern auf der Hoheluftchaussee fast vollständig verdeckt, eine imposante wilhelminische Fabrikanlage mit Schornstein. In den ausgedehnten Hallen des großen fünfgeschossigen Haupthauses wurde vor rund hundert Jahren Tabak veredelt, weiterverarbeitet und verschickt (Abb. 2). Die dort tätige Firma von Eicken war seit 1770 in Mülheim an der Ruhr ansässig, wo das Unternehmen mit Luxusgütern und Kolonialwaren handelte, bis sich ein Nachfahre im 19. Jahrhundert ausschließlich auf den Tabakhandel spezialisierte. Ende des 19. Jahrhunderts kam es im Ruhrgebiet zu häufigen Arbeiterstreiks, und so schien die Verlagerung des Unternehmens an einen neuen

2 TABAKFABRIK VON EICKEN VOR DER UMNUTZUNG, HAUPTHAUS 1981

Standort sinnvoll. 1886 eröffnete Carl-Heinrich von Eicken zunächst eine Zweigstelle in Hamburg, und bereits elf Jahre später wurde der Hauptsitz nach Hamburg in die Hafenstraße verlegt. 1903 zog die Firma schließlich zur Einweihung der neuen Fabrik in die Hoheluftchaussee. Kurz vor der Eröffnung der Hamburger Niederlassung

3 TABAKHERSTELLUNG IN DER FABRIK VON EICKEN

war der Juniorchef in den USA gewesen und hatte dort neue Methoden der Tabakverarbeitung, unter anderem die Beimischung von Honig, kennengelernt. Seine Idee war es nun, auch in Hamburg Feinschnittsorten und Tabakmischungen mit Honig herzustellen, um die amerikanischen Fabrikate gänzlich vom deutschen Markt zu verdrängen.

Die Herstellung der Rauchtabake in der Fabrik von Eicken verlief räumlich vom obersten zum untersten Stockwerk des fünfgeschossigen Haupthauses. Zunächst wurde unbehandelter Tabak über den Außenaufzug ins vierte Obergeschoss gezogen. Dort wurde er sortiert, abgewogen und angefeuchtet. Anschließend kam der Tabak ins dritte Obergeschoss, wo die Rippen der Tabakblätter herausgeschnitten wurden. Im Anschluss wurden die geglätteten Tabakblätter eine Etage tiefer getrocknet, abgekühlt und in ein Staubsiel geworfen (Abb. 3). Mit diesen Abläufen in den oberen drei Etagen waren nur ungefähr zwanzig Personen beschäftigt, während im ersten Obergeschoss bis zu sechzehn Arbeiter tätig waren, um den dort lagernden Tabak in kleine Pakete zu verpacken. Weitere neun Arbeiter machten den Tabak mit Kisten und Postpaketen im Erdgeschoss versandfertig. Im Kellergeschoss befand sich ein Holzlager, wo die fabrikeigenen Versandkisten gefertigt werden konnten. Zur Erbauungszeit waren etwa fünfzig Personen in der Tabakfabrik beschäftigt, 1912 war die Belegschaft bereits auf hundert Mitarbeiter angewachsen. Die Lagerräume standen zum Teil unter Zollverschluss, zwei Räume wurden zur Herstellung von unverzolltem Tabak genutzt (Abb. 4). Die Maschinen wurden elektrisch mit Dampfmaschinen angetrieben. Der einstöckige Kessel- und Maschinenhaustrakt sowie ein Kohlenkeller mit Bunker befinden sich links des als Turm verkleideten Schornsteins. Links des Kesselhauses steht über Eck ein dreigeschossiges ehemaliges Stall- und Wohngebäude, links der Hofeinfahrt ein zweigeschossiges Kontor- und Portiersgebäude. Als Wohlfahrtseinrichtungen hatte die Fabrik einen Garderobenraum für die Arbeiter und durch Mietbeihilfen geförderte Wohnungen für Pförtner, Maschinisten und Fuhrleute eingerichtet.

Der Entwurf inklusive der Bauleitung des »Tabakfabrikschlosses« geht auf das Architektur- und Bauingenieurbüro Gustav Schrader zurück. Das innen liegende Tragwerk und einige Funktionen des Fabrikgebäudes spiegeln sich am Außenbau wider. Das innere konstruktive Raster von zwölf gusseisernen Mittelstützen wird durch die vertikalen backsteinernen Wandvorlagen an der Fassade sichtbar gemacht. Das Treppenhaus wird am Außenbau durch den zinnenbekrönten Mittelrisalit mit Arkadengesims angezeigt. Die Achse mit den Ladeluken und dem Lastenaufzug ist durch das aus der Speicherstadt entlehnte Motiv des Quergiebels hervorgehoben.

4 GRUNDRISS ERDGESCHOSS DES HAUPTHAUSES DER TABAKFABRIK VON EICKEN

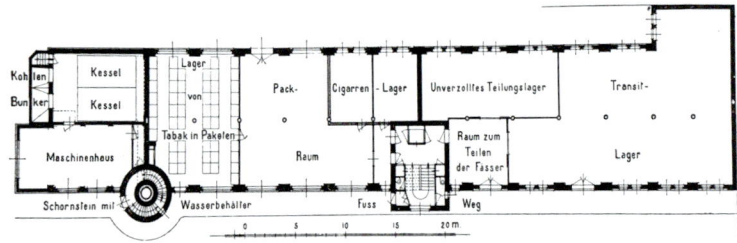

Heute arbeiten 480 Menschen für das mittelständische Unternehmen, das sich noch immer ganz auf die Tabakveredelung konzentriert und dessen Hauptsitz 1983 nach Lübeck-Roggenhorst verlegt wurde. Seitdem heißt die Anlage »Factory« und wird besonders von Medienunternehmen und Kreativberuflern aus der Filmbranche genutzt.

Wir gehen nun links am Haupthaus vorbei, bis der Hof scheinbar zu Ende ist. Dort geht es dann rechts entlang eines kleinen Verbindungswegs zwischen Hofmauer und Rückseite des Haupthauses. Nach wenigen Metern öffnet sich ein Durchgang zu einem unerwartet weitläufigen Gelände.

3 KINDERSPIELPLATZ / EHEMALIGES STRASSENBAHNDEPOT, GÄRTNERSTRASSE 13

Zu dieser Station gelangen wir entweder über die Tabakfabrik, über die Wrangelstraße neben Hausnummer 79 oder über die Gärtnerstraße neben Hausnummer 29.

Im Innern des Blocks zwischen Gärtnerstraße, Hoheluftchaussee und Wrangelstraße entstand 1997 der »Geister- und Ruinenspielplatz« auf dem Gelände des verlassenen Betriebshofes für Straßenbahnen. Das holprige Granitpflaster sowie einige Schienenläufe konnten erhalten werden, wohingegen die alte Betriebshalle entgegen der Planung wegen Baufälligkeit ganz abgerissen werden musste. Die Reste der Backsteinportale, welche wir hier sehen, sind eine 1997 neu errichtete Ruine (Abb. 5).

Die alten Hallen waren Teil eines um 1888 errich-

5 GEISTER- UND RUINENSPIELPLATZ

6 EINGANG ZUM BETRIEBSHOF MIT STRASSENBAHN UND SCHAFFNERN, 1902

teten Depots für Straßenbahnen, die zu dieser Zeit noch ausschließlich von Pferden gezogen wurden. Der von »The Hamburg, Altona & Northwestern Tramways Comp. Ltd.« in Auftrag gegebene Betriebshof mit neuen Hallen, Stallungen, Remisen und Dienstwohnungen ersetzte ein kleineres und älteres Pferdebahndepot in der Adolphstraße (heute Bernstorffstraße). Das neue Depot in der Gärtnerstraße bot überdachten und offenen Unterstand für ungefähr siebzig Wagen (Abb. 6). In die von fünf Satteldächern überspannte Haupthalle, deren rekonstruierte Portalreste zum Spielplatz gehören, wurden die Wagen mittels einer Schiebebühne rangiert, die nicht überdachten Abstellgleise quer vor der Halle waren über Drehscheiben erreichbar. In den Hallen wurden die Wagen außerdem gereinigt und bei Bedarf auch kleinere Wartungen vorgenommen. Für größere Reparaturen kamen die Straßenbahnen in die Werkstatt Falkenried. Die Zugpferde übernachteten in Ställen auf demselben Gelände. Aus der

Pferdebahnzeit stammt vermutlich noch der quer zum Ruinenportal verlaufende Schienenstrang. Dabei handelt es sich wahrscheinlich um eine Phoenix- oder Rillenschiene (Abb. 7). Diese Art Schiene war eine Hamburger Erfindung und wurde von dem Ingenieur Johann Andreas Culin (1826–1896) und seinem Sohn Gustav Amandus Andreas entwickelt. In Zusammenarbeit mit der Aktiengesellschaft Phoenix gelang ihnen 1879 die Walzung einer einteiligen Schiene. Sie eroberte innerhalb weniger Jahre den Weltmarkt.

7 PHOENIX- ODER RILLENSCHIENE

Schon 1936 wurde der Betriebshof stillgelegt und diente einer im Aufbau befindlichen Sammlung historischer Straßenbahnwagen als Unterstand. Die Anlage erlitt im Zweiten Weltkrieg einen Bombentreffer, nach Kriegsende wurden die Reste der Museumsfahrzeuge als Ersatzteillager ausgeschlachtet. In den 1950er Jahren wurde der Betriebshof dann zum Abstellgleis für ausgemusterte Straßenbahnen und anschließend ein Gewerbehof.

Ein weiteres Pferdebahndepot befand sich in unmittelbarer Nähe in der Breitenfelder Straße 11. Dort ist die längsrechteckige zweigleisige Halle für zwölf Wagen, die heute von einem Fahrradladen genutzt wird, noch intakt. Zum Depot gehörten ebenso Ställe für 56 Pferde und eine Schmiede. Einige andere in den 1920er Jahren errichtete Betriebshöfe werden heute als Baumärkte oder Supermärkte genutzt, zum Beispiel in der Alten Kollaustraße. In diesem Baumarkt ist die Stahlbetonkonstruktion der alten Wagenhalle noch immer gut sichtbar. In Richtung Gärtnerstraße verlassen wir nun auf der rechten Seite das Außengelände über einen Fußweg mit Straßenbahnschienen.

STRASSENBAHN

Die Höchstgeschwindigkeit der Pferdebahnen, »Leichter Trab«, konnte nicht gesteigert werden, aber die Notwendigkeit, zu den weiter entfernt liegenden Arbeitsplätzen am Hafen oder in der Innenstadt zu kommen, wuchs. 1879 – im selben Jahr, als die ein- teilige Straßenbahnschiene von den Hamburger Ingenieuren Culin entwickelt wurde – stellte Werner von Siemens auf der Gewerbeausstellung in Berlin elektrischen Strom als geeigneten An- trieb für Straßenbahnen vor. Daraufhin brach- ten Culins Nachfolger 1894 die erste elektrische Straßenbahn auch in Hamburg zum Laufen. Nur wenige Wochen nach der Testfahrt fuhr die »Elektrische« auf der Ringbahnstrecke um

STRASSENBAHN AUF DER GÄRTNERSTRASSE

die innere Stadt und mit einer weiteren Linie zum Grenzhaus Hohe- luft. In den ersten zwei Jahren hielten die Fahrgäste die Straßenbahn per Handzeichen irgendwo an der Straße an, da noch keine Haltestel- len eingerichtet waren. Die Strecke vom Rathausmarkt zur Hoheluft wurde bereits 1898 nach Lokstedt, 1907 nach Niendorf und 1912 bis nach Schnelsen verlängert. Die Linie erhielt die Nummer 2 und fuhr im Zwanzigminutentakt, eine Fahrt kostete um die zwanzig Pfennig. Die Arbeitszeit der Straßenbahnführer und Schaffner betrug zwölf Stunden und mehr. Einen besonderen Service stellten zwischen 1930 und 1943 die an der Außenseite des hinteren Wagens angebrachten Briefkästen dar. Gegen eine Gebühr wurden eilige Briefe mit der Stra- ßenbahn schnell zum Postamt am Hauptbahnhof befördert.

 OBERLEITUNGSROSETTEN, GÄRTNERSTRASSE 35 UND 30

Auf der Gärtnerstraße angekommen, wenden wir uns nach links zur Haus- nummer 35, wo auf der Höhe des zweiten Obergeschosses ein weiteres Detail aus der Zeit der Straßenbahn erhalten ist – eine Halterung für die Oberleitungen der elektrischen Straßenbahn (Abb. 8). Die Aufhängeösen an den Hausfassaden waren die kostengünstigere Variante im Vergleich zu den freistehenden Masten und Kandelabern mitten auf den Bürgersteigen. Mit schriftlicher Einwilligung der Hauseigentümer wurden knapp 4000 gusseiserne, mit Schallschutz versehene Wandrosetten an den Hauswänden montiert. Das Gegenstück der Oberleitungsrosette am Haus Nummer 35 ist auf der gegenüberliegenden Straßenseite am Haus Nummer 30 über der Hofeinfahrt angebracht. In den Anfangsjahren der elektrischen Straßenbahnen wurden die kleinen, an Zylindern befestigten Ösen wie an Haus Nummer 35 mit Rosetten und Schnörkeln verziert.

Nun geht es rechts in die Wrangelstraße und weiter die erste Straße links in die Heckscherstraße. Bei Nummer 39 durchqueren wir einen Privatweg, die Götz-Passage, und biegen am Eingang der ehemaligen Volksschule in die Carl-Förster-Straße. Am Ende der Carl-Förster-Straße überqueren wir die Wiesingerstraße und gehen weiter geradeaus in einen Schotterweg für Fußgänger. Nach etwa fünfzig Metern passieren wir zwischen zwei Hochbunkern aus dem Zweiten Weltkrieg die Rückseite des Firmengeländes von Beiersdorf und einen Spiel- und Skateplatz. Anstatt über den Schotterweg können wir den Spaziergang auch rechts über die Wiesingerstraße und links über die Troplowitzstraße fortsetzen. Auf jeden Fall lohnt sich ein Blick auf die futuristisch anmutende Vorderseite des neuen Forschungszentrums von Beiersdorf.

5 BEIERSDORF, TROPLOWITZSTRASSE 17

Die angestammten Firmengebäude von Beiersdorf liegen an der Unnastraße (Abb. 14), die neueren Teile befinden sich zu beiden Seiten der Troplowitzstraße. Auf der linken Straßenseite entstand dort 2004 ein neues Haut-Forschungszentrum. In den Laboratorien testen Forscher

9 FORSCHUNGSZENTRUM DER BEIERSDORF AG

kosmetische Substanzen auf ihre Unbedenklichkeit und entwickeln neue Produkte für den weltweiten Markt. Ein über Eck stehendes, transparent scheinendes geometrisches Haupthaus kontrastiert mit einem auffälligen silberfarbenen, fensterlosen Vorbau in organischer Formgebung, der als Hörsaal genutzt wird (Abb. 9). Auch die Rasenfläche gehört zu Beiersdorf und dient als firmeninterner Erholungsbereich für die Mitarbeiter.

Die Firma Beiersdorf wurde 1882 von dem Neuruppiner Apotheker Paul Carl Beiersdorf (1836–1896) gegründet (Abb. 10). In enger Zusammenarbeit mit dem Dermatologen Paul Gerson Unna entwickelte er sogenannte »gestrichene Pflaster«. Diese Heilpflaster wurden mit Arzneistoffen versehen und anschließend mit dem milchigen Pflanzensaft des

10 PAUL CARL BEIERSDORF
(1836–1896)

Gummibaums (Guttapercha) bestrichen, der auch in erkaltetem Zustand auf der Haut kleben blieb. Die Pflaster waren die Vorläufer von Leukoplast und Hansaplast. Ihren Durchbruch erlebten die Produkte jedoch erst 1890 unter Beiersdorfs Nachfolger, dem sagenhaften Unternehmer und Apotheker Oscar Troplowitz (1863–1918, Abb. 11). Dieser bewies sowohl unternehmerisches Geschick – bereits 1914 unterhielt er zu 34 Ländern Geschäftsbeziehungen – als auch wissenschaftliche Neugier. 1911 entwickelte die Firma Beiersdorf eine neuartige Hautcreme auf der Basis von Schafswollfett, die unter der Bezeichnung Nivea-Creme ein absoluter Dauerbrenner

11 OSCAR TROPLOWITZ (1863–1918)

werden sollte (Abb. 12). Der Name bezieht sich übrigens auf die Farbe: lateinisch *nivea* bedeutet »die Schneeweiße«. 1936 gelang der Firma mit durchsichtigem Klebeband, dem Tesafilm, ein weiterer Coup (Abb. 13). Eigentlich ist tesa nur ein Markenname, aber mittlerweile ist der Name als Bezeichnung für Produkte seiner Art so geläufig, dass er sogar in den Duden aufgenommen wurde. Der Bekanntheitsgrad der Marke liegt in Deutschland bei 98 Prozent. In den Eimsbütteler Gebäuden der Aktienge-

12+13 WERBEANZEIGEN BEIERSDORF

14 FABRIKANLAGE BEIERSDORF, 1915

sellschaft arbeiten heute etwa 3800 Menschen, weltweit hat der Konzern rund 20 000 Mitarbeiter.

Am Ende des Fußwegs stoßen wir auf den Eidelstedter Weg und links hinter der Schranke auf einen alten Grenzstein von 1782 mit den Initialen des dänischen Königs Frederik VI. Den Eidelstedter Weg durchkreuzte die Grenze zwischen der zu Dänemark gehörenden Herrschaft Pinneberg und Eimsbüttel – auf der Straße durch eine Kopfsteinpflasterlinie sichtbar gemacht. Nun geht es weiter zur Unnastraße 41–45. Die Häuser von 1926 überraschen durch ihre ungewöhnlichen expressionistischen Reliefkeramiken über den Eingangstüren: Sterne, eine sich aufstützende nackte Frau und ein Fachwerkhaus zwischen Bäumen mit der Inschrift »Zum Forsthaus«. Architekt war Ernst Dehmlow, der Bauherr Wilhelm Herr. Die Inschrift nimmt auf ein Ausflugslokal desselben Namens Bezug, das sich hier wenige Jahre zuvor an einem Feldweg befand (Abb. 15).

Nun geht es rechts herum weiter in die Ottersbekallee.

6 ETAGENHÄUSER, OTTERSBEKALLEE 9–17

Das Gelände um den Park »Am Weiher« gehörte mehrere hundert Jahre zu den Ländereien des Klosters Harvestehude, bis es Mitte des 19. Jahrhunderts Teil des Lutteroth'schen Anwesens wurde. Doch die Lutteroths flohen nach kurzer Zeit vor der zunehmenden Verstädterung der Vororte und stießen einen Teil ihres Grundstücks an den Bremer Spekulanten Wilhelm Carl Friedrich Büsing wieder ab, der hier eine Villenkolonie für kaufkräftiges Publikum errichten lassen wollte. Um den Wert des Baulandes zu erhöhen, vergrößerte Büsing den ehemaligen klösterlichen Fischteich und legte Brücken sowie romantisch verschlungene Wege an. Die Straße »Im Gehölz« war bis zu diesem Zeitpunkt nur ein unregulierter Trampelpfad auf dem Lutteroth'schen Anwesen. Anstatt die geplante Villenkolonie zu errichten, parzellierte der Investor die Grundstücke jedoch aus Renditegründen schließlich in sehr schmale Einheiten und ließ sie mit Etagenhäusern in Schlitzbauweise bebauen. Anfänglich waren die Anwohner selbst für die Pflege des Parks verantwortlich.

Als die Wohnhäuser an der Ottersbekallee zwischen 1909 und 1912 entstanden, war der Typ des modernen Etagenhauses schon voll ausgebildet (Abb. 16). Dazu gehörten ein zentrales Treppenhaus, durch eine Wohnungstür abschließbare Wohnungen und mehr

15 GASTHOF »ZUM FORSTHAUS«, IM HINTERGRUND DIE APOSTELKIRCHE, UM 1908

16 OTTERSBEKALLEE, UM 1920

als zwei übereinander liegende getrennte Familienwohnungen. Die Bau-
polizeiordnung von 1882 regelte die Höhe der Häuser – nicht mehr als
fünf Geschosse – und beschränkte die maximale Anzahl der Wohnungen
pro Treppenhaus auf zwölf. Auf eigenes Risiko ließ der Maurermeister
August H.F. Eggers fünf optisch aufeinander bezogene Etagenhäuser mit
Vier- und Fünfzimmerwohnungen bauen. Das Haus Nummer 13 bildet
den Mittelpunkt des Ensembles. Dekorationselemente an den Fassaden
von Architekt Edmund Gevert sind dem Jugendstil, dem Klassizismus
und dem Spätbarock entlehnt. Obwohl hier die bürgerliche Mittelschicht
einziehen sollte, entschied sich der Bauherr im Innern gegen eine großzügige Raumaufteilung und für eine optimale Grundstücksausnutzung
durch Schlitzbauweise. Der Grundriss ist lang und schmal und verjüngt
sich nach hinten. Wegen seiner Form wird er auch »Hamburger Knochen«
genannt. Im vorderen Teil zur Straße befanden sich die repräsentativen

Räume mit großen Fensterfronten, Loggien und Balkonen. Im hinteren Teil der Wohnung lagen die Küche, das Schlafzimmer, das Bad und die Speisekammer. Die Räume waren allerdings schlecht belichtet, weil das Nebenhaus lediglich einen Schlitz breit entfernt war. Viele Jahre war das wenige Grün um den Fischteich die einzige öffentliche Grünanlage in Eimsbüttel. Auch heute sind der Spielplatz und die Wege häufig gut besucht, und die Häuser um den Park gelten als die nobelste Adresse des Stadtteils.

Weiter geht's nun in die Straße »Am Weiher«.

7 KATHOLISCHE KIRCHE ST. BONIFATIUS, AM WEIHER 29

Bis zur französischen Besetzung Hamburgs 1810 war es den Katholiken der Stadt nur eingeschränkt möglich, innerhalb der Stadtgrenzen ihren Glauben auszuüben. Katholischer Gottesdienst konnte nur gefeiert werden, wenn ein ausländischer Gesandter katholischen Glaubens in Hamburg zu Besuch war und die Messe abhalten wollte. Ebenso wie andere Glaubensrichtungen wichen die Katholiken deshalb nach der Reformation auf das angrenzende holsteinische Altona aus, wo es ihnen erlaubt war, katholische Gotteshäuser zu errichten. Die Hamburger Stadtverfassung war sehr eng mit der Kirchenverfassung verbunden, und Menschen, die nicht dem evangelisch-lutherischen Glauben angehörten, waren nicht berechtigt, das Bürgerrecht zu erhalten. Erst die neue Stadtverfassung von 1860, die den Staat von der Kirche trennte, ge-

17 KATHOLISCHE SCHULE UND »NOTKIRCHE«, UM 1893

währte der katholischen Kirche größere religiöse Freiheiten. Diese wurden zunächst genutzt, um soziale Einrichtungen wie zum Beispiel Waisenhäuser und Schulen aufzubauen. Gottesdienste wurden in den meist angeschlossenen kleinen Kapellen abgehalten. Den Anfang für ein erstes eigenständiges katholisches Kirchenhaus in Hamburg machte 1890/91 die Pfarrkirche St. Marien in der Danziger Straße in St. Georg (heute Domkirche des Erzbistums Hamburg). Wie die absoluten Bevölkerungszahlen Hamburgs wuchs auch die Anzahl der Katholiken immens, zwischen 1842 und 1899 um das Zehnfache. Die katholische Kirche versuchte nun, auch in den Stadterweiterungsgebieten Fuß zu fassen. Im bürgerlichen Teil Eimsbüttels kaufte sie 1891 das Gelände »Am Weiher« und bebaute es als erstes mit einem Schulhaus (angegliedert an ein Priester- und Schwesternhaus) und einer kleinen Hinterhofkapelle, dem Vorgängerbau der heutigen Bonifatiuskirche. Sie wurde zwar »Notkirche« genannt, wies aber bereits den dreischiffigen Grundriss einer Basilika auf, allerdings ohne Turm (Abb. 17). Viele der umliegenden Etagenhäuser waren zu diesem Zeitpunkt noch nicht fertig gestellt. Für einen neuen repräsentativen Kirchenbau an dieser Stelle lobte die in München ansässige »Deutsche Gesellschaft für christliche Kunst« 1907 einen deutschlandweiten Wettbewerb aus. Der Siegerentwurf wurde jedoch verworfen, und der Kirchenvorstand entschied sich für den vierten Platz des in Karlsruhe ausgebildeten Architekten Fritz Kunst. Der verwirklichte Backsteinbau entsprach ziemlich genau dem eingereichten Entwurf des Architekten (Abb. 18).

18 ST. BONIFATIUS, UM 1950

19 BLICK DURCH DAS HAUPTSCHIFF ZUM ALTAR, UM 1960

Wie die »Notkirche« folgt der Grundriss einer dreischiffigen Basilika, die neue Kirche wurde jedoch mit Triumphbogen und eingezogenem Apsischor sowie einem Turm über dem rechten Seitenschiff ausgeführt. Rechts und links des Chors befinden sich eine kleine Marienkapelle und die Sakristei. Ganz entgegen der Regel, den Altar im Osten aufzustellen, ist die Kirche an der Lage der angrenzenden Häuser ausgerichtet und der Altar im Südwestteil platziert. Die um 1885 erbaute Orgel kaufte die Kirchengemeinde 1910 dem Konzerthaus Ludwig auf der Reeperbahn ab. Sie gilt als die größte und letzte erhaltene deutsche Konzertsaalorgel.

Während im Innern der Kirche eine neogotische Formensprache vorherrschend ist (Abb. 19), kommen am Außenbau auch Elemente der Reformarchitektur zum Tragen. Dazu zählen der vertikal gegliederte Turm und die überwiegend glatten Backsteinwände. Zwar versucht der Architekt nicht vollständig mit dem Historismus der umliegenden Etagenhäuser und Villen zu brechen, benutzt dazu jedoch für Hamburg ungebräuchliche Stilzitate aus der englischen Gotik wie zum Beispiel das Maßwerk über dem Eingangsportal. In einer Nische direkt über der Haupttür steht der Patron der Kirche, der Heilige Bonifatius. Innerhalb der weitgehend erhaltenen Ausstattung sind die hochwertig verarbeiteten Chorfenster besonders hervorzuheben. Auf einer Hamburg-Vedute ragt neben den Hauptkirchtürmen im Mittelpunkt auch der Turm der Bonifatiuskirche selbstbewusst in den Himmel. Der Kirchenbau liegt nicht in der Flucht der umliegenden Wohngebäude, sondern ist von der Straße nach hinten versetzt. Der Platz zwischen Kirche und Straße verschafft dem Gebäude zwar eine gesteigerte Wirkung, im Vergleich mit den protestantischen Kirchen Eimsbüttels – Christuskirche und Apostelkirche – besitzt es im Stadtraum allerdings viel weniger Präsenz. Aktuell gehören zur Gemeinde eine katholische Schule und eine katholische Kindertagesstätte.

Unser Weg führt weiter geradeaus Richtung Schulweg. Nahezu sämtliche Stilvarianten, die zwischen 1880 und 1930 verbaut wurden, finden sich hier in besonders schöner Ausführung. Links beginnt es mit Siedlungsbauten der 1920er Jahre. Daneben besticht eine Reihenvilla durch den Farbkontrast zwischen ihrer dunkeltürkis gestrichenen Fassade und den strahlend weißen Fensterrahmen (Nr. 18). Außergewöhnliche Balkonbrüstungen (Nr. 25) wechseln sich ab mit besonders ausgeprägter Jugendstilornamentik. Herrschaftliche Etagenhäuser mit geschlämmten Putzfassaden (Nr. 21 + 23) stehen neben einer Villa im Jagdhausstil mit Fachwerkgiebel (Nr. 17), und eine »Burg« mit Zinnen und maurischem Fries (Nr. 10) steht gegenüber einem eindrücklichen Barockportal (Nr. 19).

Auch das Haus mit der Nummer 7, der nächste Haltepunkt, hebt sich durch seine großen Fenster von den üblichen Etagenhäusern ab.

8 ALTES MICHAELIS-KRANKENHAUS, AM WEIHER 7

Der dreigeschossige, symmetrisch angelegte Putzbau mit abgerundeten Ecken, Seitenrisaliten und neobarocken Stuckverzierungen umfasst seit

20 NERVENHEILANSTALT »EICHENHAIN«, UM 1928

2011 zwanzig exklusive, zwischen 130 und 180 Quadratmeter große Eigentumswohnungen.

In den Jahren um 1875 galt Eimsbüttel aufgrund seiner guten Luft noch als beliebter Erholungs- und Genesungsort. Aus diesem Anlass eröffnete Auguste Alfeis auf diesem Grundstück die Nervenheilanstalt »Eichenhain«, die anfänglich nur mit drei Betten ausgestattet war. Die Anstalt war in dem aufgestockten und umgebauten alten Landhaus der Doormanns in der Eichenstraße 34 untergebracht (Abb. 20). Der bis heute erhaltene Erweiterungsbau der Klinik an der Straße »Am Weiher« entstand 1904/05 im Auftrag des Arztes Arnold Lienau nach Plänen der Architekten August Hinsch und Otto Köster. Wie die Etagenhäuser »Am Weiher« entstand auch das Krankenhaus mit seiner an die umliegenden Landhäuser angepassten Architektur auf Teilen der ehemaligen Villenparks. Bevorzugtes Klientel für die Privatklinik waren Patienten aus den gehobenen Bevölke-

94 rungsschichten, deren Krankheitsbilder alle Formen von psychischen und »nervösen« Erkrankungen umfassten. Heilung versprach der Arzt Arnold

Lienau durch Psychotherapie, ausgedehnte Liegekuren im Freien, Massage, Gymnastik, in Einzelfällen auch durch elektrischen Strom und Mastkuren. 1928 standen den Patienten 25 Einzelzimmer zur Verfügung. Zur Lienau'schen Privatklinik gehörten insgesamt drei zwischen der Straße »Am Weiher« und der Eichenstraße gelegene Gebäude sowie das Gut »Peinerhof« bei Pinneberg.

21 ENTBINDUNGSANSTALT »SILOAH« (SPÄTER MICHAELIS-KRANKENHAUS), UM 1935

Es lieferte frische Lebensmittel und diente einigen Patienten sowohl als Ausflugsziel als auch als Ort von Beschäftigungstherapien. In einem der drei zum Krankenhaus gehörenden Gebäude war seit 1927 außerdem eine private Entbindungsanstalt des Diakonissenvereins »Siloah e.V.« untergebracht (Abb. 21). 1965 pachtete der Verein Michaelis-Krankenhaus die ehemalige Lienau'sche Klinik – die erste von Ärzten betriebene gemeinnützige Klinik in Hamburg. Sie bekam Ende der 1980er Jahre einen modernen Operationstrakt und wurde im Jahr 2000 nochmals vollständig saniert. Bis zum Beginn der Bauarbeiten für die Eigentumswohnungen nutzte eine Künstlerinitiative das Gebäude zwischen.

Weiter geht's bis zum Schulweg und dort rechts bis zur nächsten Querstraße, der Eichenstraße. Wenige Meter von der Kreuzung entfernt steht auf der linken Straßenseite ein einstöckiges Gebäude mit gelbbraunen Ziegelsteinen.

9 POLIZEIWACHE, EICHENSTRASSE 37 A

Die Wache mit der Nummer 16 war 1876 eine von 32 Polizeiwachen in Hamburg. Von dort starteten im Sommer um zehn Uhr abends, im Winter eine Stunde früher, zwei »Constabler«, um im Viertel für nächtliche Ruhe und Ordnung zu sorgen. Die beiden Nachtwächter hielten nach »Raufbolden, Scandalmachern und

22 POLIZEIWACHE, UM 1890

Spitzbuben« Ausschau und sollten durch ihre Anwesenheit Diebstähle, Prügeleien und Ruhestörung verhindern. Für den Ernstfall waren die »Constabler« mit einer Eisenstange bewaffnet. Zur Verstärkung konnten andere Kollegen mit einer Trillerpfeife gerufen werden, und im Falle von Feuer wurde ein Signalhorn geblasen. Noch um 1840 hatten die Schutzleute außerdem das Recht, jede Frau, die sich nach elf Uhr abends ohne männliche Begleitung auf der Straße aufhielt, zu verhaften und bei der nächsten Wache abzuliefern. Im Winter beendeten die Nachtwächter ihren Dienst in diesem heute sehr friedlichen Stadtteil um sechs Uhr morgens, im Sommer bereits um vier. Die Wache Nr. 16 zog 1890 in das aus gelbbraunen Ziegelsteinen erbaute Gebäude in der Eichenstraße (Abb. 22).

Zum Abschluss des Spaziergangs lohnt sich ein kleiner Schlenker links in die Wiesenstraße. Dort führt der Weg durch eine überraschend beschauliche Wohnidylle.

BARS / CLUBS

Cairos Cocktails
Hoheluftchaussee 117
→ *professionelle Cocktailmixer*

CAFÉS / RESTAURANTS

An Khang Quan
Hoheluftchaussee 86
→ *von außen unscheinbares vietname-sisches Restaurant mit toller Küche*

Café im Park
Im Gehölz (gegenüber Nr. 7)
→ *Kaffeepause am Weiher*

Hatari Pfälzer Stüble
Eidelstedter Weg 1
→ *Saumagen und selbstgemachte Burger, unkompliziert und locker*

Hollywood Canteen
Gärtnerstraße 94 A
www.hollywoodcanteen-eppendorf.de
→ *James Dean mit Gurke und doppelt Käse*

Ufer
Bismarckstraße 151
www.ufer-hamburg.de
→ *Café und Weinbar im alten Lichtwärter-häuschen am Isebekkanal*

LÄDEN

Cucinaria
Straßenbahnring 12
www.cucinaria.de
→ *Paradies für ambitionierte (Hobby-) Köche*

Frank und Steinwarder
Hoheluftchaussee 68
www.frankundsteinwarder.de
→ *von zwei Neugründerinnen übernommene Traditionsbuchhandlung mit viel frischem Wind*

Inselkäfer
Gärtnerstraße 80
www.inselkaefer.de
→ *kleine Stadtteilbuchhandlung, viele Kinderbücher*

Plattenkiste
Gärtnerstraße 16
www.plattenkiste.eu
→ *stadtbekannter Langspielplattenladen*

Second Herzog
Straßenbahnring 17
www.secondherzog.de
→ *Designerklamotten zweiter Hand*

stories!
Straßenbahnring 17
www.stories-hamburg.de
→ *Buchhandlung mit innovativem Konzept und exzellentem Ladendesign*

1000 Geschenke
Hoheluftchaussee 2
→ *Fundgrube für Nützliches und Unnützes*

Trüffel Atelier
Straßenbahnring 15
www.trueffelatelier.de
→ *Fachgeschäft für schmackhafte Schlauchpilze*

HOTELS

Apartmenthaus Hamburg
Gärtnerstraße 60
www.apartmenthaushamburg.de
→ *Apartments in der Stadt zu fairen Preisen*

Motel Hamburg
Hoheluftchaussee 117–119
www.motel-hamburg.de
→ *original 1950er-Jahre-Flair*

FREIZEIT / SPORT

Laufwerk Hamburg e.V.
Hoheluftchaussee 42
www.laufwerk-hamburg.de
→ *alles rund ums Laufen*

KULTUR

Birdland
Gärtnerstraße 122
www.jazzclub-birdland.de
→ *internationaler Jazz in Hamburg seit über 25 Jahren*

SOZIALES / NON-PROFIT

Hamburger Kinder- und Jugendhilfe e.V.
Gärtnerstraße 13
(ehem. Straßenbahndepot)
www.hakiju.de / jugendhilfezentren /
jhz-bezirk-eimsbuettel.html
→ *Hilfen zur Erziehung, Kinder- und Jugendsozialarbeit, Familienförderung*

Hamburger Könige e.V.
Alardusstraße 20
www.hamburger-koenige.de
→ *Spendenverein für Kinderbetreuungseinrichtungen in Hamburg*

LEUTE AUS EIMSBÜTTEL

HERMANN CLAUDIUS wurde 1878 in Langenfelde, Kieler Straße 257, geboren. Einen Teil seiner Jugend verbrachte er in Eidelstedt. Er war ein Urenkel des bekannteren Schriftstellers Matthias Claudius und schrieb nach seiner Frühpensionierung als Volksschullehrer ebenfalls Gedichte und Erzählungen, häufig auf Plattdeutsch. Er starb 1980.

JAN DELAY (*1976 in Eppendorf) heißt eigentlich Jan Phillip Eißfeldt und besuchte das Helene-Lange-Gymnasium in Harvestehude. Bekannt wurde er mit der Band »Absolute Beginner«, als Solokünstler veröffentlichte er zunächst eine Reggaeplatte und macht inzwischen Funk- und Soulmusik. Von 1997 bis 2003 betrieb Jan Delay ein Plattenlabel mit dem Namen »Eimsbush«. Er lebt im Grindelviertel.

STEFAN EFFENBERG (*1968 in Niendorf) spielte als Jugendlicher beim Bramfelder SV und anschließend beim SC Victoria Hamburg. Mit 19 Jahren startete seine Bundesligakarriere bei Borussia Mönchengladbach. Weitere Stationen waren der FC Bayern München und der AC Florenz. Für die deutsche Nationalmannschaft erzielte er insgesamt fünf Tore. Nachdem er bei der Fußball-WM 1994 einigen unzufriedenen deutschen Fans den Mittelfinger zeigte, wurde er aus der Nationalmannschaft ausgeschlossen.

HUBERT FICHTE kam wenige Wochen nach der Geburt 1935 mit seiner Mutter nach Lokstedt, wuchs bei seinen Großeltern in einem Einfamilienhaus in der Julius-Vosseler-Straße 84 auf und ging in Niendorf zur Schule. 1949 lernte er Hans Henny Jahnn kennen, der ihn persönlich und literarisch prägte. Fichtes Prosawerk »Die Palette« (eine Kneipe in der Hamburger Neustadt) erregte so viel Aufsehen, dass er eine Anzeige bekam. Daneben betätigte er sich als Ethnologe. Ethnologische Methoden und Inhalte flossen auch in sein literarisches Werk ein. Fichte starb 1986 im Hamburger Hafenkrankenhaus an Aids.

EVELYN HAMANN (1942–2007) war eine bekannte deutsche Schauspielerin. Seit 1976 wurde sie als Partnerin Loriots in zahlreichen Sketchen einem breiteren Publikum bekannt (»Bitte sagen Sie jetzt nichts, Hildegard«) und spielte die weibliche Hauptrolle in den Loriot-Filmen »Ödipussi« und »Pappa ante Portas«. Als Adelheid Möbius war sie Hauptfigur in der Krimi-Serie »Adelheid und ihre Mörder«. Ihr Grab befindet sich auf dem Alten Niendorfer Friedhof.

JAN HOFER (*1952) ist seit 2004 Chefsprecher der Tagesschau und moderiert neben seiner Tätigkeit als Nachrichtensprecher zahlreiche Unterhaltungssendungen, u.a. die »Riverboat Talkshow« im MDR. Seinen Wohnsitz hat er unweit des Tagesschau-Studios in Lokstedt.

FRIEDRICH AUGUST HÜLSENBECK (1766–1834) war Inhaber einer Kommissions- und Speditionshandlung. In Eimsbüttel unterhielt der Kaufmann ein Gartenhaus, wo auch seine drei Kinder in den Sommermonaten spielten. Berühmt wurden sie, der Gartenzaun und die Sonnenblumen durch das Gemälde »Die Hülsenbeckschen Kinder«, das der Maler Philipp Otto

Runge (1777–1810) seinem Freund Hülsenbeck schenkte. Sie lernten sich über Runges Bruder kennen, er war Teilhaber der Spedition. Das Gemälde von 1805 hängt in der Hamburger Kunsthalle.

Der Schriftsteller und Orgelreformer HANS HENNY JAHNN kam 1894 in Stellingen zur Welt. Sein Geburtshaus in der Högenstraße 61–65 wurde 2001 abgerissen. Er machte sein Abitur auf der Oberrealschule am Kaiser-Friedrich-Ufer und erhielt für das Drama »Pastor Ephraim Magnus« im Alter von 26 Jahren den Kleistpreis. Sein Werk ist heute nur noch einer kleinen Leserschaft bekannt.

WALTER JENS (*1923), Rhetorikprofessor in Tübingen, Schriftsteller und Kritiker, wuchs in der Breitenfelder Straße zwischen Eimsbüttel und Eppendorf auf. Seine politische Leidenschaftlichkeit war stets bekannt, seine früheste Leidenschaft aber galt den Fußballspielen des Eimsbütteler Turnverbands: »Wahrhaft gelitten habe ich mit dem ETV. Das hatte ich von meinem Vater geerbt. Wenn er von einem Spiel heimkam, signalisierte er schon aus der Ferne das Resultat. Arm nach oben hieß Sieg, Arm nach unten Niederlage, und ein Unentschieden wurde durch den waagerecht abgespreizten rechten Arm gekennzeichnet.«

WILHELM LAAGE (1868–1930) ist ein frühexpressionistischer Druckgrafiker. Er wuchs auf dem großelterlichen Bauernhof in Stellingen auf und arbeitete viele Jahre in der mütterlichen Bleicherei und in einem Wirtshaus. Er begann zunächst nur in seiner Freizeit zu zeichnen, bis er, unterstützt von Alfred Lichtwark, 1890 von der Hamburger Gewerbeschule aufgenommen wurde. Sein grafisches Werk umfasst Holzschnitte und Lithografien mit regional geprägten Sujets. Stilistisch wurde er von Edvard Munch und Vincent van Gogh beeinflusst.

Der Pantomime JÖRG LEMKE ist in Deutschland nur einem kleinen Publikum bekannt. Ausgebildet in Paris, tritt er regelmäßig bis zu zweimal am

Tag für den »Cirque du Soleil« in Las Vegas auf. Auch mit seinen Soloprogrammen ist er äußerst erfolgreich. 1989 gewann er den europäischen Grand Prix der Pantomime. Er wuchs in der Steinburger Straße in Stellingen auf und wurde 1962 in die Schule am Sportplatzring eingeschult.

CAREN MIOSGA (*1969) moderiert seit 2007 die Tagesthemen in der ARD, nachdem sie zunächst das Medienmagazin »Zapp« und das Kulturmagazin »titel thesen temperamente« präsentiert hatte. Sie lebt mit ihrem Mann und ihren beiden Töchtern in Eimsbüttel.

WALTER R. ROTHENBURG, genannt Wero (1889–1975), war Boxpromoter, Schlagertexter und Schriftsteller. Er organisierte den Boxkampf zwischen Max Schmeling und Walter Neusel auf der Motorradrennbahn in Lokstedt. Rothenburg schrieb den Text zum Lied der Gebrüder Wolf »An de Eck steiht'n Jung mit'n Tüddelband« und textete die beiden bekannten Schlager »So ein Tag, so wunderschön wie heute« und »Junge, komm bald wieder«.

MARIANNE RUAUX (1802–1882) bewirtschaftete das über die Stadtgrenzen hinaus bekannte Ausflugslokal »Mariannenruh« am Eimsbütteler Marktplatz. Viele Gäste kamen, nur um ihre sagenhafte Schönheit zu bewundern. Doch die charmante Wirtin ließ sich nicht erweichen, vielmehr genoss sie es, sich von den Männern mit Gedichten und Porträts umschwärmen zu lassen. Wahrscheinlich ist die Bezeichnung »Mariannenruh« aus der ungenauen deutschen Aussprache des Vor- und Zunamens der Wirtin, einer französischen Emigrantentochter, entstanden. Am

Eimsbütteler Marktplatz erinnert ein Gedenkstein mit Tafel an die legendäre Gastronomie.

Der Hip-Hop-Musiker und Rapper SAMY DE LUXE (*1977), mit bürgerlichem Namen Samy Sorge, wuchs bei seiner Mutter in Eimsbüttel auf. Der aus dem Sudan stammende Vater verließ die Familie, als Samy zwei Jahre alt war. Seine Familiensituation und Eimsbüttel werden in den Texten de Luxes häufig beschrieben. Bekannt wurde er mit deutsch gesungenem Rap. Der Musiker arbeitete mit verschiedenen Labels, u.a. »Eimsbush Entertainment«, und wechselnden Bands zusammen. Mit seinem vierten Studioalbum spielte er sich auf Platz eins der deutschen Albumcharts.

DOUGLAS SIRK (1897–1987), mit bürgerlichem Namen Hans Detlef Sierck, wuchs unweit des »Eimsbütteler Broadway« auf. Er war zunächst ein erfolgreicher Theaterregisseur, später Filmregisseur bei der UFA (wo er Zarah Leander zum Star machte) und schließlich in Hollywood mit großen Melodramen erfolgreich. An die Hamburger Kinobesuche seiner Kindheit erinnerte sich Sirk in einem Interview: »Ich hatte eine Großmutter, eine außerordentliche Frau, die nahm mich eines Tages an die Hand und mit ins Royal, das war eines der ersten Kinos in Hamburg, und bei besonderen Gelegenheiten gingen wir ins Central. Es war hinreißend.«

SMUDO (*1968), mit bürgerlichem Namen Michael Bernd Schmidt, ist Texter und Sänger der Band »Die Fantastischen Vier« und hat die deutsche Sprache HipHop- und Rap-kompatibel gemacht. Der Hobbypilot, Freizeitrennfahrer und begeisterte Videospieler lebt zusammen mit seiner Frau und zwei Töchtern unweit des Schanzenviertels in Eimsbüttel.

WALTER SPAHRBIER (1905–1982) war Geldbriefträger in Lokstedt. Zu seinem Zustellungsbereich gehörte auch der NDR am Gazellenkamp. Dort lernte er 1954 Peter Frankenfeld kennen, der ihn in verschiedenen Unterhaltungsshows als Glückspostboten einsetzte. Sein Bekanntheitsgrad steigerte sich, als Spahrbier in der Sendung »Der große Preis« mit Wim Thoelke den Hauptgewinner der Lotterie »Aktion Sorgenkind« ermittelte.

HENRY VAHL, 1897 in Stralsund geboren, hatte schon zahlreiche Theaterengagements und Fernsehproduktionen hinter sich, als er im Alter von 51 Jahren mit seiner Frau Germaine, einer Tänzerin und Choreografin, nach Hamburg zog. Dort wohnten sie im Heußweg 18 in einer Zweizimmerwohnung im vierten Stock einer Rotklinker-Wohnsiedlung. Erst durch ein Engagement am Ohnsorg-Theater erlangte der Schauspieler im Alter von über sechzig Jahren allgemeine Berühmtheit. Henry Vahl starb 1977 in Winterhude.

ROLF ZUCKOWSKI (*1947) spielte bereits während der Schulzeit auf dem Stellinger Albrecht-Thaer-Gymnasium in einer Schulband. Später komponierte er eigene Lieder und wurde mit der Schulweg-Hitparade für die Aktion »Ein Herz für Kinder« 1979, spätestens aber mit dem Hit »Du da im Radio« deutschlandweit bekannt. Außerdem moderierte er Kindersendungen, war als Musikproduzent und Liederbuchautor tätig und startete Projekte mit anderen Musikern zusammen.

In Niendorf lebten zeitweise der Literaturkritiker **MARCEL REICH-RANICKI** (Ubierstraße) sowie der Schauspieler **TIL SCHWEIGER** (Merck-Villa im Niendorfer Gehege).

Villa Amsinck ★ Wohnburg »Heimat« ★ Motorradrennbahn ★ Norddeutscher Rundfunk ★ Französische Schule ★ Von-Eicken-Park ★ Kriegerdenkmal ★ Zylinderviertel ★ Lokstedter Wasserturm ★ Siedlung Lokstedt ★ Lenzsiedlung

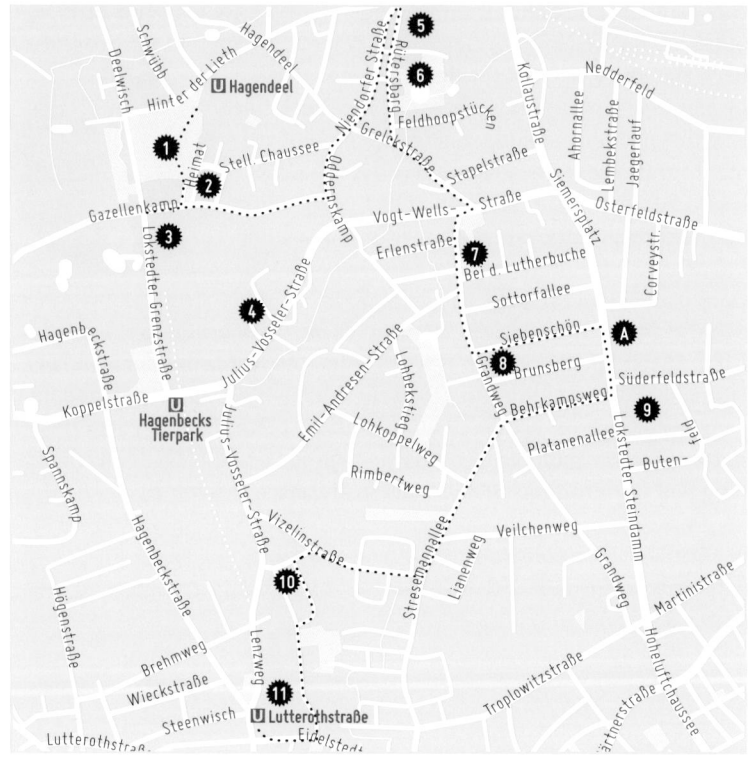

STARTPUNKT: U-Bahn-Station Hagendeel (U2)
ENDPUNKT: U-Bahn-Station Lutterothstraße (U2)
DAUER: etwa 2,5 Stunden zu Fuß oder etwa 1,5 Stunden mit dem Fahrrad

In frühgeschichtlicher Zeit bildete eine kleine Erhebung, der Rütersberg, den Kern Lokstedts. Von dort fiel das Gelände nach Süden hin leicht ab und war mit sumpfigen Wäldern bewachsen. Sie wurden wahrscheinlich von den ersten nachgewiesenen Siedlern, den nordalbingischen Sachsen, gerodet. Da in Norddeutschland die Leichenverbrennung das gängige Bestattungsritual war, sind keine frühgeschichtlichen Funde nachgewiesen, und über die Entstehungszeit Lokstedts ist deshalb nicht viel mehr bekannt. Die dort siedelnden Sachsen nannten diese freigeräumten Wiesen »Lo«, ausgesprochen mit einem gedehnten »o«, und das dazugehörige Haufendorf »Stede«. Auf der Karte von 1785 (Abb. 1) ist das Dorf als »Loockstaedt« eingezeichnet, und einen alteingesessenen Lokstedter kann man daran erkennen, dass er seinen Stadtteil mit langem »o« ausspricht. Urkundlich erwähnt wird das Dorf erst im Jahr 1344, als Lokstedt bereits seit über zweihundert Jahren unter der Herrschaft der Schauenburger stand. Nach deren Aussterben 1640 ging es als Teil der Herrschaft Pinneberg in den Besitz des dänischen Königs Christian IV. über und wurde 1864 preußisch.

Haupterwerbszweige der Lokstedter waren Ackerbau, Viehzucht und Torfstecherei, bis im 19. Jahrhundert die wald- und wiesenreiche Region bei den Hamburgern ein beliebtes Ausflugsziel wurde. Einige Städter lebten sogar den ganzen Sommer über auf dem Land und pachteten von den Hofbesitzern kleinere Hofhäuser mit Garten. Die Bauern gaben ihr Land mit Vorliebe ab, denn sie erwirtschafteten damit mehr als das Doppelte des vorherigen Ertrags. Die Bodenpreise stiegen rasant in die Höhe, und Lokstedt entwickelte sich zu einem angesagten Villenvorort. Innerhalb weniger Jahrzehnte gab es nur noch vereinzelt landwirtschaftliche Betriebe. Die Entwicklung zum Vorort wurde durch die frühe Anbindung an das Hamburger Verkehrsnetz begünstigt. Bereits 1839 nahm die erste

1 KARTE VON »LOOCKSTAEDT«, 1785

Pferdeomnibuslinie ihren Fahrbetrieb nach Altona auf. Lokstedt erhielt zudem als erstes Dorf in Deutschland 1891 eine elektrische Straßenbeleuchtung mit 65 Glühbirnen.

Um 1803 zählt das Bauerndorf 382 Einwohner, bis zum Ende des Jahrhunderts hatten sich die Einwohnerzahlen verzehnfacht, 1931 lebten über 6000 Menschen in Lokstedt, und inzwischen bleibt die Einwohnerzahl von knapp 26 000 ziemlich konstant.

Die Tour durch Lokstedt beginnt an der U-Bahn-Haltestelle Hagendeel, von wo wir rechts durch die Straße »Hinter der Lieth« zum Amsinck-Park gelangen.

1 VILLA AMSINCK MIT PARK, BEIM AMSINCKPARK 18

Die Villa Amsinck steht in der Mitte des Parks auf einer der beiden höchsten Erhebungen von Lokstedt, dem Liethberg. Der Geschäftsmann Wilhelm Amsinck (Abb. 2, 1821–1909) hatte die Erhebung so benannt, nachdem er hier im Alter von 47 Jahren 25 Hektar Land erworben hatte. Anders als die meisten Hamburger Kaufleute, die mit der Mode gingen und zu dieser Zeit in den Elbvororten bauten, zog es den Natur- und Landschaftsliebhaber auf das offene Land. Er kannte die Gegend mit Feldern, Wiesen und Wäldern von seinem gleichnamigen Onkel, der in Stellingen 1831 auf dem Gelände des Diakonissenheimes »Alte Eichen« einen Landsitz erbauen ließ. Bei der Wahl des Standorts spielten ebenso seine nacheinander folgenden Ehefrauen, die Schwestern Emily und Laetitia-Sophia Willink, eine entscheidende Rolle, denn sie waren in der Nachbarschaft an der Niendorfer Straße in der Villa Willink aufgewachsen. Die Familie Amsinck ist eine der

2 WILHELM AMSINCK
(1821–1909)

bekanntesten Hamburger Kaufmannsfamilien und hat die Geschicke der Stadt maßgeblich beeinflusst. Der erste Amsinck kam 1576 als Glaubensflüchtling aus den Niederlanden nach Hamburg, und bereits sein Sohn wurde in den Senat gewählt. Auch die folgenden Generationen stellten zahlreiche Bürgermeister, Vorstände, Bank- und Firmengründer. Ebenso war der in Brasilien und England ausgebildete Wilhelm Amsinck neben seiner Haupttätigkeit im Handelshaus »Johannes Schuback & Söhne«, in das die Familie schon im 18. Jahrhundert eingeheiratet hatte, Konsul von Portugal, Aufsichtsrat der »Berlin-Hamburger Eisenbahn-Gesellschaft« sowie Richter im Handelsgericht. Der Hauptwohnsitz dieses Zweiges der Familie war an der Esplanade 1 A, und die Villa in Lokstedt war zunächst nur als Sommersitz vorgesehen. Aber Wilhelm Amsincks Steckenpferd war die Landwirtschaft. Er ließ die Ländereien nördlich des Parks bewirt-

3 VILLA AMSINCK, WESTSEITE MIT TURM, 1992

schaften, legte einen großen Obst- und Nutzgarten an und hielt sich Pferde, Kühe, Schweine und Esel, die weit mehr abwarfen, als die Familie selbst verbrauchen konnte. Immer ausgedehnter wurden die Zeiten, in denen sich die Familie in Lokstedt aufhielt.

Das Wohnhaus von 1868/70 errichtete Martin Haller (1835–1925), der bereits Erfahrungen beim Bau von Landsitzen gesammelt hatte und den Geschmack eines vornehmen Hamburgers einzuschätzen wusste. Großzügige Gastlichkeit durfte nicht in Protzerei umschlagen. Außen wie innen entspricht die Villa hanseatischer Gediegenheit (Abb. 3). Der Putzbau besticht durch seine ausgewogene Baumassengliederung und die unterschiedliche Höhenstaffelung der einzelnen Baukörper. Die repräsentative Gartenfassade mit erhöhtem achteckigen Turmversatz ist dreigeschossig ausgebildet, die Eingangsseite zweigeschossig und der Wintergarten an der Nordostecke mit darüber liegendem Balkon eingeschossig. Die einzelnen Bauteile werden horizontal durch Sohlbankgesimse und vertikal durch gefugte Ecklisenen verklammert. Im Innern gruppieren sich die Haupträume um ein durch ein Oberlicht erhelltes Treppenhaus. Die Treppenstufen sind aus Holz, die Treppenstöße aus filigran durchbrochenem Gusseisen und die Treppengeländer mit größtenteils originalen Handläufen ebenfalls aus Holz (Abb. 4). Der Gestaltungsaufwand ist mit den Wandvorlagen und dezenten Stuckfriesen auch im Innern insgesamt zurückhaltend und nimmt außen wie innen zu den oberen Stockwerken hin ab.

4 VILLA AMSINCK, TREPPENHAUS, 1992

Den knapp sechs Hektar großen Garten – Wilhelm Amsinck war bescheiden im Sinne des Hamburger Understatements erzogen worden, und so durfte niemand in seiner Gegenwart von einem Park, sondern nur von einem Garten sprechen – gestaltete Friedrich Joachim Christian Jürgens (1825–1903), der u. a. auch für die gärtnerische Gestaltung des Zoologischen Gartens am Dammtor verantwortlich war. Die größte von Busch-Baumgruppen umstandene Rasenfläche ist nach Norden ausgerichtet wie die Haupträume der Villa. Von dort, von den Gemächern des Hausherrn im Turm, gab es eine direkte Sichtachse über die eigenen Ländereien bis zur Kuppel der Niendorfer Kirche (vgl. Fahrradtour), wo sich die Familiengruft der Amsincks befand. Eine weitere Achse führte nach Westen zum Anwesen »Alte Eichen« seines Onkels. Die Rasenflächen sind bis heute von Brezelwegen durchzogen und münden in einen Rundweg um den als englischen Landschaftspark angelegten Garten. Die Geländemodellierung des Parks ist wahrscheinlich original.

5 SCHWEIZERHAUS, 1923 ABGERISSEN

Für seine zwölf Kinder ließ Wilhelm Amsinck 1898 unweit der Villa ein eigenes Sommerhaus ebenfalls von Martin Haller errichten. Angelehnt an die Laubsägearbeiten im Giebel und in den Veranda-Arkaden nannte man es das »Schweizerhaus«(Abb. 5). Es wurde 1923 abgerissen. Ein Jahr später erwarb der Bauingenieur Hermann Gustav Witt (1878–1940) das gesamte Anwesen. Doch er konnte das Grundstück nur wenige Jahre halten und musste das Gelände in Teilstücken verkaufen. Auch das Areal der Grundschule »Hinter der Lieth« gehörte im 19. Jahrhundert zum Amsinck'schen Anwesen. Ein Überrest aus dieser Zeit ist ein imposantes neunstämmiges Spitzahorn-Ensemble auf dem Schulhof, bei dem neun einzelne Bäume zu einem einzigen zusammengewachsen sind. Seit 1956 gehören die Villa und der Park der Stadt Hamburg. In den 1990er Jahren war eine private Galerie im Erdgeschoss untergebracht. Zurzeit steht das denkmalgeschützte Gebäude leer.

Wir lassen nun die Villa rechts liegen, nehmen links den nächsten Weg nach unten und gehen entlang der Straße »Heimat«. Zwischen Hausnummer zwei und drei befindet sich ein Durchgang zum Innenbereich der Wohnburg »Heimat«.

2 WOHNBURG »HEIMAT«, GAZELLENKAMP 80–84, HEIMAT 1–8, STELLINGER CHAUSSEE 40, 42

Der hufeisenförmige Wohnblock wurde 1929 von der »Heimat«, einer Wohnungsbaugesellschaft für Angestellte, bei den Architekten Ernst und

6 BRUNNEN MIT DER KERAMIK »GÄNSELIESEL« VON RICHARD KUÖHL, 1929

Eduard Theil in Auftrag gegeben. Bis zu dieser Zeit gehörte auch dieses Gelände zum Park der Villa Amsinck. Dieser Umstand erklärt die beiden dicht parallel verlaufenden Straßen »Heimat« und »Am Amsinckpark« nördlich des Wohnblocks. Die Straße »Heimat« wurde für die Bewohner des neuen Blocks angelegt, während die bis in die 1970er Jahre mit einem Zaun abgetrennte Straße »Am Amsinckpark« die Auffahrt zum Amsinck'schen Anwesen bildete.

Die Auflagen für den Siedlungsbau jener Zeit stammten von Oberbaudirektor Fritz Schumacher. Die Bauhöhe war auf drei bis vier Geschosse beschränkt, und als Baumaterial sollte Klinker verwendet werden. Dadurch erhielten die Anlagen einen geschlossenen Charakter. Expressionistischer Gestaltungswille zeigt sich in den in der Form eines Kreissegments ausgesparten Ecken (Abb. 7) und der Betonung der Hauseingänge mit farbig glasierter Baukeramik. Diese sowie die plastische Mädchenfigur der »Gänseliesel« im Innenhof, ursprünglich zu einem Brunnen gehörend, entwarf Richard Kuöhl (1880–1961), der zum Beispiel auch die Keramiken am Chilehaus und an der Davidwache gefertigt hat (Abb. 6). In unmittelbarer Nähe des Wohnblocks, auf der gegenüberliegenden Straßenseite des Gazellenkamps, befand sich zum Verdruss der Bewohner eine Motorradrennbahn. Von ihr ist außer Bildmaterial nichts mehr erhalten.

7 WOHNBURG »HEIMAT«

3 MOTORRADRENNBAHN, LOKSTEDTER GRENZSTRASSE / GAZELLEN-KAMP

Die Hauptattraktion von Lokstedt war eine Aschenbahn für Motorradrennen. Sie stand nur wenige Jahre von 1928 bis 1932 zwischen Lokstedter Grenzstraße und Gazellenkamp (Abb. 8). Am Wochenende fanden auf der sogenannten »Dirt Track« (englisches Wort für Aschenbahn) Motorradrennen mit internationaler Beteiligung statt. Die besten Fahrer kamen aus England, Dänemark, Australien und Deutschland. Dirt-Track-Rennen gehören zu den ältesten Motorradsportarten. Sie hatten sich in den 1920er Jahren in den USA entwickelt. Die Technik der Motorräder spielt dabei eine untergeordnete Rolle, die Maschinen haben weder Bremse noch Gangschaltung. Zum Bremsen stemmten die Fahrer in der Kurve ihren metallverstärkten Schuh in den Boden. Auf den Aschenbahnen sprühten dann sogar manchmal die Funken. Je mehr Mut und Geschicklichkeit der Fahrer zeigte, desto spektakulärer wurde das Rennen. Nicht selten kam es vor, dass die mit Sturzhelmen und dicken Lederanzügen geschützten Rennfahrer sich in der Kurve gegenseitig zur Seite drängten und zu Boden fielen. Die Bahn in Lokstedt hatte die Form eines unregelmäßigen Ovals mit zwei weiten und zwei engen Kurven. In der Regel wurde immer in eine Richtung, gegen den Uhrzeigersinn, gefahren. Die Rennspektakel waren sowohl bei den Hamburgern als auch beim übrigen Publikum, das aus ganz Deutschland anreiste, äußerst beliebt. Wer von den Lokstedtern keinen Platz mehr auf der »Dirt Track« ergatterte, schaute vom benachbarten Turm aus der Schrebergartenkolonie zu. Da die öffentlichen Parkplätze rund um die Bahn für diese sportlichen Großveranstaltungen nicht ausgelegt waren, stellten einige Lokstedter ihr Grundstück gegen eine Gebühr als Parkplatz zur Verfügung. Ein schwerwiegender Nachteil für die Anwohner war jedoch, dass der ohrenbetäubende Motorenlärm in den Sommermonaten auf Dauer nicht zu ertragen war. Nach nur vier Jahren wurden die Motorradrennen eingestellt und stattdessen weitaus weniger

beliebte Windhundrennen abgehalten. 1934 kam es auf der »Dirt Track« jedoch noch einmal zu einem absoluten sportlichen Höhepunkt. Boxveranstalter Walter Rothenburg (vgl. Leute aus Eimsbüttel) organisierte einen Boxkampf, der bis heute der größte der europäischen Geschichte geblieben ist. Am 26. August kämpfte Max Schmeling im Boxring auf der Mitte des Sportplatzes gegen Walter Neusel vor geschätzten 102 000 Zuschauern. Walter Neusel unterlag in der achten Runde.

Zur nächsten Station führt der Weg den Gazellenkamp am NDR-Gelände entlang.

4 NORDDEUTSCHER RUNDFUNK, GAZELLENKAMP 57

Der Beginn des Hörfunks geht auf das Jahr 1924 zurück, als in Deutschland vier privat finanzierte, aber staatlich kontrollierte Rundfunkanstalten ins

Leben gerufen wurden. Für den norddeutschen Raum war es die von Hamburger Kaufleuten und einem Getreidehändler gegründete Nordische Rundfunk AG (NORAG). Die ersten Sendungen, zum Beispiel die noch immer bestehende älteste Hörfunkreihe der Welt – das »Hamburger Hafenkonzert« –, kamen aus dem Postamt in der Schlüterstraße und ab 1931 aus dem Funkhaus an der Rothenbaumchaussee. Die dazugehörigen Funktürme standen vor dem Telegraphenzeugamt am heutigen Christoph-Probst-Weg, damals zu Lokstedt gehörig. Die Nationalsozialisten missbrauchten den Rundfunk in den folgenden Jahren für Propagandazwecke.

NWDR

9 LOGO NWDR, 1945–1955

Nach dem Zweiten Weltkrieg organisierte die britische Besatzungsmacht die Rundfunkdienste nach dem Vorbild der BBC neu. Hugh Carleton Greene (1910–1987), ein britischer Journalist, verwandelte den für die britische Zone gegründeten Nordwestdeutschen Rundfunk in eine Anstalt öffentlichen Rechts (Abb. 9). Der NWDR wurde zentralisiert und nun durch Gebühren finanziert. Der Hauptsitz lag in Hamburg und ein weiteres Funkhaus in Köln. Hugh Greene legte Wert darauf, dass das Fundament des Informationsdienstes durch parteipolitische Unabhängigkeit, Toleranz und demokratische Kompromissfähigkeit geprägt wurde. 1948 übergab er seinem Nachfolger, dem Generaldirektor Adolf Grimme, die

10 HUGH GREENE UND NWDR-GENERALDIREKTOR ADOLF GRIMME

Geschäfte (Abb. 10). Zwei Jahre später nutzte der NWDR die beiden Bunker an der Feldstraße für die ersten Fernsehübertragungen. 1952 wurde dort auch die erste Tagesschau mit einer Einschaltquote von einhundert Prozent ausgestrahlt. Die Wetterkarte wurde täglich mit Kohlestift gezeichnet, und die Wetteraussichten präsentierten Puppen (Abb. 11). Als die erste animierte Wetterkarte – ohne die ehemaligen deutschen Ostgebiete – gezeigt wurde, hagelte es Proteste. Bis 1956 wurde zunächst nur montags, mittwochs und freitags von 20 bis 22 Uhr gesendet. Fernsehgeräte kosteten in der Anfangszeit zwischen einem und zwei Jahresgehältern. Diejenigen, die es sich nicht leisten konnten, verabredeten sich zum Fernsehschauen bei einem Rundfunkhändler, der den Kunden die Programme vorführte.

11 WETTERPUPPEN DER TAGESSCHAU, 1953–1960

1953 eröffneten die fünf Millionen Mark teuren Fernsehstudios in Lokstedt, der Hörfunk blieb am Rothenbaum. Drei Jahre später spaltete sich der NWDR in den WDR und den NDR auf. Seitdem ist der NDR für die Bundesländer Hamburg, Schleswig-Holstein, Niedersachsen und seit der Wiedervereinigung auch für Mecklenburg-Vorpommern zuständig. Auf dem Reservegelände in Lokstedt erweiterten die Architekten Friedrich und Ingeborg Spengelin sowie Gert Pempelfort zwischen 1964 und 1967 den einfachen Ziegelrohbau der 1950er Jahre durch ein neues Produktionsgebäude mit Verwaltung, weiteren Studios und dem Kasino (Abb. 12).

12 MODELL DER BAUTEN DES NORDDEUTSCHEN RUNDFUNKS AM GAZELLENKAMP, 1968

116

13 VILLA WILLINK, UM 1915, NICHT ERHALTEN

Seit 1977 läuft auf dem Gelände auch die zentrale Fernseh-Nachrichten-redaktion der ARD zusammen. Dort werden Tagesschau, Tagesthemen und das Nachtmagazin produziert und anschließend live gesendet.

Wir gehen jetzt den Gazellenkamp bis zum Ende und biegen dann links in den Oddernskamp. Links lassen wir den verwilderten Park der Villa Willink (vgl. Station 1 und Abb. 13), die unübersehbare Ähnlichkeiten mit der Amsinck-Villa aufweist, hinter uns und biegen bei der Dampfwäscherei Vollmer von 1840 – erhalten sind ein gemauerter Schornstein und einstöckige Wirtschaftsgebäude – rechts in die Straße »Hartsprung« ein, der wir bis zum Ende folgen.

5 LYCÉE FRANÇAIS DE HAMBOURG »ANTOINE DE SAINT-EXUPÉRY«, HARTSPRUNG 23

Das Lycée Français de Hambourg »Antoine de Saint-Exupéry« ist ein französisches Gymnasium, das im September 1987 aus dem Zusammenschluss der »Französischen Schule« und der »Deutsch-Französischen Schule e.V.« entstanden ist. Gründungsväter waren der ehemalige Hamburger Bürgermeister Henning Voscherau sowie die Journalisten Ulrich Wickert und Heiko Engelkes. Die Schule gilt als Ersatzschule, das heißt, sie ersetzt den Besuch einer staatlichen Schule und ist berechtigt, staatlich anerkannte Abschlüsse zu vergeben. Der Unterricht wird in den unteren Klassen in der Regel in französischer Sprache abgehalten, in der Oberstufe zum Teil auch auf Deutsch. Die Lehrpläne kommen vom Kultusministerium aus Paris, werden jedoch an die länderspezifischen Besonderheiten des jeweiligen Standortes angepasst. Die zweisprachige Ausbildung ermöglicht es den Schülern, am Ende das französische Baccalauréat zusammen mit dem deutschen Abitur abzulegen. Mit dem sogenannten »Abibac«, dem doppelten Reifezeugnis, können die Schüler später sowohl an einer französischen als auch an einer deutschen Universität studieren. Zusätzlich zum Gymnasium bietet das Lycée français eine Grundschule und einen Kindergarten. Zurzeit sind rund 500 Schüler und 200 Kindergartenkinder angemeldet.

6 VON-EICKEN-PARK

Die Französische Schule grenzt an den Von-Eicken-Park, den Tabakunternehmer Carl Heinrich von Eicken (1846–1926) zusammen mit seinem neuen Wohnsitz auf dem Rütersbarg errichten ließ (vgl. Hoheluft-West-Spaziergang). Der Park wurde grundlegend umgestaltet. Erhalten sind die zweigeschossige Villa mit Mansard-Walmdach von 1914 und einige alte Gehölze wie zwei mächtige Buchen, eine Platane, ein Tulpenbaum und eine Flügelnuss. Der »Stausee« in der Mitte des Parks wird von der um 1900 umgeleiteten Schillingsbek gespeist und zieht viele Wasservögel an.

Der Weg führt nun links am Rütersbarg entlang, vorbei am alten Zentrum von Lokstedt, die Grelckstraße links hinunter bis zum Behrmannplatz. Wie Stellingen hat auch Lokstedt mit dem Auseinanderfallen des Stadtteils zu kämpfen. Zwei große Straßenachsen, die Julius-Vosseler-Straße / Vogt-Wells-Straße und der Lokstedter Steindamm, die sich am Siemersplatz kreu-

14 ÄLTESTES WOHNHAUS IN LOKSTEDT VON 1804 AN DER VOGT-WELLS-STRASSE, UM 1910

118 zen, zerschneiden den Stadtteil in vier Teile. Der alte Dorfkern von Lokstedt befand sich im Dreieck zwischen Grelckstraße, Niendorfer Straße und Rütersbarg, später um den Behrmannplatz. Dort befinden sich noch heute einige Geschäfte entlang einer Fußgängerzone. Daneben stellt auch der Siemersplatz mit Post, Haspa-Filiale und verschiedenen Fachgeschäften eine Art Zentrum dar, lädt aber nicht gerade zum Verweilen ein. Eines der ältesten Gebäude in Lokstedt ist das Fachwerkhaus von 1804 an der Vogt-Wells-Straße 18 (Abb. 14), es liegt direkt gegenüber der im Jahr 1926 erbauten Feuerwache. Gehen wir zurück zum Behrmannplatz und biegen links in den Grandweg ein. Dieser wurde früher gelegentlich von Schmugglern genutzt, um die Zollstation am Langenfelder Damm (vgl. Stellingen-Spaziergang) zu umgehen, bis auch hier 1777 ein Schlagbaum aufgestellt wurde.

7 DENKMAL FÜR DIE GEFALLENEN DES ERSTEN WELTKRIEGES, GRANDWEG / BEI DER LUTHERBUCHE

Der »Verschönerungs-Verein« der im Jahre 1923 noch selbständigen Gemeinde Großlokstedt gab das Denkmal für die Gefallenen des Ersten Weltkrieges bei dem Wandsbeker Architekten Rudolf Reusse in Auftrag.

15 EINWEIHUNG DES GEFALLENENDENKMALS 1924

Auf dem achtzackigen, sternförmigen Sockel des Denkmals wurden acht Bronzetafeln angebracht; auf sieben von ihnen stehen die Namen von Gefallenen des Ersten Weltkriegs aus Lokstedt, auf der achten die Inschrift: »Den Gefallenen zum Gedächtnis, den Lebenden ein Vermächtnis, dem Vaterland der Schwur. EMPOR.« Das Klinkermonument soll an eine explodierende Granate erinnern und ist typisch für den norddeutschen Backsteinexpressionismus. Beispielhaft sind die hoch aufragende Gestalt, die spitzen Winkel und die kristallinen Formen (Abb. 15). Passend gestaltet sind auch die vier umliegenden Bänke, deren Rückenlehnen aus diagonal zusammengesetzten Klinkersteinen Dreiecke mit spitzen Winkeln bilden. Zur kreisrunden Anlage gehören die ebenfalls kreisrund angelegten, niedrig gestutzten Hecken, die Rasenfläche mit den symmetrisch verlaufenden Wegen und der äußere Ring aus 28 rotblättrigen Spitzahornbäumen. Die Straße »Bei der Lutherbuche« ist nach einer am Reformationstag 1917 vor dem Pastorat der Christ-König-Kirche gepflanzten Blutbuche benannt. Vor allem in der zweiten Hälfte des 19. Jahrhunderts war es üblich, mit Denkmälern, auch in Form von Bäumen, an Martin Luther zu erinnern. Der Baum wurde zum 400. Jahrestag gesetzt – 400 Jahre zuvor hatte Luther seine 95 Thesen an der Schlosskirche zu Wittenberg angeschlagen.

8 ZYLINDERVIERTEL, SIEBENSCHÖN / BEHRKAMPSWEG

16 GRANDWEG / ECKE BEHRKAMPSWEG, UM 1900

Auf dem Weg zum Wasserturm biegen wir nun links in eine der Querstraßen ein, zum Beispiel in die vom Bombenkrieg weitgehend verschont gebliebene Straße »Siebenschön«. In den ruhigen parallel zueinander verlaufenden Seitenstraßen

120 zwischen Lokstedter Steindamm und Grandweg kann man noch immer spüren, wie es sich die wohlhabenden Hamburger um die letzte Jahrhundertwende in ihren Villen und Landhäusern bequem gemacht haben (Abb. 16). Die vornehm gekleideten Städter zeigten sich am Wochenende beim sonntäglichen Spaziergang zum Flanieren auf den Straßen. Zur standesgemäßen Garderobe eines Hamburger Kaufmanns gehörte in jener Zeit auch ein Zylinder. Und es dauerte nicht lange, da hatte die Dorfjugend der Gegend ihren neuen Namen verpasst – Zylinderviertel. Am Lokstedter Steindamm angekommen, sieht man halbrechts auf der gegenüberliegenden Straßenseite eine alte Villa mit Säulenportal und reich verzierten Dachkonsolen, erbaut 1903/04. Sie gehörte einem bekannten Hamburger Unternehmer, dem Besitzer einer Keksfabrik.

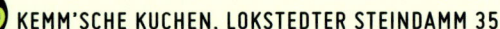

KEMM'SCHE KUCHEN, LOKSTEDTER STEINDAMM 35

Zugezogene fragen den Namen fast immer nach, wenn sie ihn zum ersten Mal hören. Einheimischen ist die norddeutsche Spezialität jedoch ein geläufiger Begriff. Braune Kuchen gibt es vor allen Dingen in der Weihnachtszeit, in manchen Familien isst man sie sogar ganzjährig zum Frühstück »auf Brötchen mit Butter«. Die Braunen Kuchen sind sehr dünne, kross gebackene, rechteckige dunkle Kekse. Werden sie industriell hergestellt, nennt man sie Kemm'sche Kuchen. Die Altonaer Konditorei und Bäckerei Kemm aus der Reichenstraße, später Lange Straße 10, entwickelte das Rezept bereits 1782. Ungefähr hundert Jahre blieben die Geheimnisse der Zutaten im Familienbesitz, bis Heinrich Flentje 1889 das Geschäft samt Rezept übernahm. Die »Kuchen« erfreuten sich zunehmender Beliebtheit, und Heinrich Flentje konnte das Unternehmen erweitern; 1899 kam die Herstellung von Zwieback hinzu, und 1903 eröffnete der Bäcker am Lokstedter Steindamm 35 eine Keksfabrik mit angrenzendem Wohnhaus. Aus dem Familienunternehmen wurde ein Industriebetrieb, der 1924 durch einen Anbau und einen modernen Gasbackofen erneut erweitert wurde (dieser Gebäudeteil ist nicht erhalten). Flentje selbst wohnte in der noch existierenden Fabrikantenvilla mit acht Zimmern, einem Weinkeller, einer Veranda und einem Gang direkt zur Produktionshalle. Fast hundert Jahre kam das Gebäck nun aus Lokstedt. Gebacken wird mit einer Mischung aus Weizen- und Roggenmehl, dem alten Backtriebmittel Pottasche (umgangssprachlicher Begriff für Kaliumkarbonat), viel Rübensirup, Honig, Nelken, Zimt und Piment. Wie Zwieback werden Kemm'sche Kuchen zweimal gebacken und erhalten dadurch ihre feste Konsistenz. Deshalb sind sie deutlich länger haltbar als Lebkuchen und andere Plätzchen und können in Blechdosen mehrere Monate aufbewahrt werden. Eine runde, weniger bekannte Unterart sind die Helgoländer Nüsse. 1994 musste der Lokstedter Betrieb mit sechzig Mitarbeitern die Namensrechte und das Rezept an einen ebenso traditionsreichen Gebäckspezialisten verkaufen. Seitdem kommen die originalen Hamburger Kemm'schen Kuchen aus Krefeld.

9 LOKSTEDTER WASSERTURM, SÜDERFELDSTRASSE 49

Vom Lokstedter Steindamm geht es gegenüber in die Süderfeldstraße. Von dort gibt es einen schönen Blick auf den Wasserturm (Abb. 17). Das Gelände direkt unterhalb des Turms ist nicht öffentlich zugänglich. Wassertürme gelten als Symbol des Industriezeitalters und werden seit mehreren Jahrzehnten in ihrer ursprünglichen Funktion als Wasserspender in der Regel nicht mehr genutzt. Da Türme generell auffällige Punkte in der Stadtsilhouette markieren, liegt besonders den Anwohnern häufig daran, sie zu erhalten. Auch der Lokstedter Wasserturm, der als Wahr-

17 LOKSTEDTER WASSERTURM, UM 1910

122 zeichen Lokstedts gilt, blieb vom Abriss verschont, als er in den 1960er Jahren stillgelegt wurde. 1984 erwarb eine engagierte Familie den Wasserturm und erreichte, dass er 1986 unter Denkmalschutz gestellt wurde. Die Genehmigung zum Bau einer Wohnung wurde allerdings erst erteilt, nachdem eine begehbare Brüstung am unteren Rand des Kopfes in 29 Metern Höhe angebracht worden war. Die Feuerwehr verlangte diese Auflage, weil die Leitern der Hamburger Feuerwehr nur eine Höhe von dreißig Metern aufweisen. Der Turmschaft ist bis auf den modernen Fahrstuhl und eine kleine Einliegerwohnung kurz oberhalb des Eingangs frei gelassen. Die Wohnung wurde in den Wasserbehälter in ungefähr 36 Metern Höhe (ehemals höchster Wasserstand) eingebaut und verläuft über drei Etagen. Eine alte vom Innenzylinder freigelegte Jugendstil-Wendeltreppe verbindet die drei Ebenen miteinander. Für das Wohnzimmer in der oberen Ebene wurden Rundbogenfenster eingebaut. Ansonsten ist das Äußere des Turms weitgehend erhalten geblieben. Höhepunkt ist der Aufstieg zur Aussichtsplattform um die Dachlaterne, der jedoch der Eigentümerfamilie vorbehalten ist, die 1987 in das am höchsten gelegene Einfamilienhaus Hamburgs einzog.

Der Turm wurde 1910 als Ausgleichsbehälter und Wasserreservoir mit 500 Kubikmetern Fassungsvermögen nach Plänen der Hamburger Ingenieure Ludwig und Hermann Mannes errichtet. Die Form des Turms setzt

18 »DER WAL IM WASSERTURM«

sich aus einem langen Kegelstumpf, einem überkragenden Zylinderkopf und einer Dachlaterne zusammen. Der 50,25 Meter hohe Turm aus rotem Backstein ist bis heute vom Gurtgesims aufwärts mit Kupferplatten überzogen. Wassertürme stellten eine technisch einfache Lösung dar, den Wasserdruck im Wassernetz zu halten, wenn die störanfälligen, von Dampfmaschinen betriebenen Pumpen ausgefallen waren. Außerdem diente das Wasser im Turm als Vorrat für die Nacht und als Löschwasser bei Bränden in der Umgebung. Wer wissen möchte, wie man das Gebäude anders nutzen kann, der sollte das Kinderbuch »Der Wal im Wasserturm« von Rüdiger Stoye lesen (Abb. 18). Dort spielt der Lokstedter Wasserturm eine Hauptrolle.

Vom Lokstedter Steindamm aus geht der Weg nun zurück durch das Zylinderviertel entlang des Behrkampswegs, wo noch zahlreiche Landhäuser aus der letzten Jahrhundertwende erhalten geblieben sind. Weiter geht es dann geradeaus über den Grandweg hinweg in die Stresemannallee. Nach etwa vierhundert Metern geht es rechts in die Vizelinstraße. Auf der Höhe der Beethovenallee beginnt die Siedlung Lokstedt.

10 SIEDLUNG LOKSTEDT, JULIUS-VOSSELER-STRASSE / VIZELIN-STRASSE / BEETHOVENALLEE / REPGOWSTIEG

Weit südlich des ehemaligen Dorfkerns von Lokstedt, an den Grenzen zu Eimsbüttel und Stellingen, entstand auf dem Gelände der ehemaligen Laubenkolonie »Deepen Stöcken« (plattdeutsch für Baumstümpfe in moorigem Untergrund) 1931/1932 eine neue Einfamilienhaussiedlung (Abb. 19). Da die allgemeine Bautätigkeit nach dem Ersten Weltkrieg quasi zum Erliegen gekommen war, fehlte es während der Weimarer Republik in ganz Deutschland in großem Umfang an Wohnraum. Die Wirtschaftskrise, unterbliebene Instandsetzungsmaßnahmen und die neue Tendenz zur Kleinfamilie verursachten unter anderem die drastische Wohnungsnot. Der Staat sah sich zum ersten Mal gezwungen, in den bis dahin ausschließlich privatwirtschaftlichen Wohnungsbau mit Förderprogrammen einzugreifen. Es mussten Wohnungen geschaffen werden, die für eine breite Bevölkerungsschicht erschwinglich waren. Auch diese Siedlung entstand im Auftrag der Stadt Hamburg und wurde von der Hamburger Siedlungsgesellschaft mbH errichtet. Ausgeführt wurden die Häuser von der »Bauhütte Bauwohl GmbH zu Hamburg«, einem nach dem Ersten Weltkrieg gegründeten gemeinwirtschaftlichen Baubetrieb, dessen

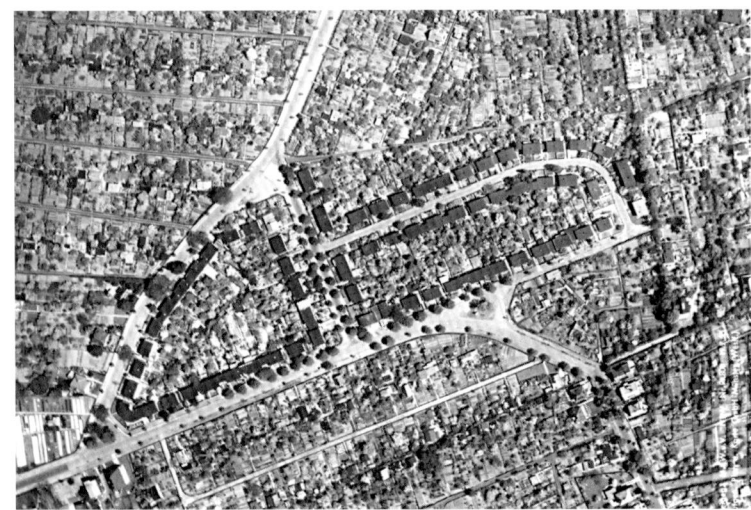

19 LUFTBILD DER »SIEDLUNG LOKSTEDT«, 1956

Ziel neben der Schaffung günstigen Wohnraums auch die Verbesserung der Arbeitsbedingungen für die Bauarbeiter war. Finanziert wurde die »Bauhütte« von gewerkschaftlichen und sozialdemokratischen Organisationen. Die Käufer waren »kleine Leute« wie Beamte, Angestellte, Handwerker und Arbeiter, die aus dem überfüllten Hamburg ins damals noch preußische Lokstedt herauszogen. Die Verbindung »nach Hamburg« ist bis heute geblieben, denn wie die Bewohner selbst äußern, fühlen sie sich eher zu Eimsbüttel als zum alten Dorfkern von Lokstedt gehörig.

Mit dem Erwerb eines Grundstücks verpflichteten sich die Käufer, dieses mit einem Entwurf der jüdischen Architekten Semmy und Bernd Engel sowie des Kollegen Hermann Rickert bebauen zu lassen. Die Anlage besteht aus 133 zweigeschossigen Einzel-, Doppel-, Dreier- und Reihenhäusern. Die Größe der einzelnen Häuser ist übersichtlich und variiert zwischen drei und viereinhalb Zimmern. Nahezu identisch bei fast allen

Häusern ist das Erdgeschoss mit einem großen Wohnzimmer quer über die gesamte Vorderfront und einer Küche im rückwärtigen Teil zum Garten. Im Obergeschoss befinden sich je nach Haustyp zwei oder drei kleine Zimmer, einige zusätzlich mit einer Kammer (Abb. 20). Der kubische Baukörper, die Flachdächer, die weißen Putzfassaden und die strenge Funktionalität der Architektur entsprachen nicht den Sehgewohnheiten der damaligen Zeit (Abb. 21). Da es Eigenheime waren, nahmen die Bewohner schon früh Um- und Anbauten vor, sodass die ursprünglichen einheitlichen weißen Putzfassaden und damit der Gesamteindruck im Sinne des »Neuen Bauens« verloren ist. Vorbild der »halbländlichen« Siedlung ist die Bauhaussiedlung Dessau-Törten von Walter Gropius, erbaut 1926–1928. Es handelt sich um die einzige Hamburger Einfamilienhaussiedlung in Anlehnung an den Bauhausstil.

Die Julius-Vosseler-Straße, ehemals Karlstraße, wurde 1948 nach Prof. Dr. Julius Vosseler (1861–1933), dem früheren Direktor des Zoologischen Gartens beim Dammtor, benannt. Die Straßen Beethovenallee und Reppgowstieg wurden eigens für die Siedlung angelegt. Die Siedlung war durch die U-Bahn-Haltestelle Hellkamp, die seit 1914 existierte, angebunden.

20 ANSICHT UND GRUNDRISS EINES DOPPELHAUSES VOM TYP C / 21 DOPPELHAUS TYP D IN DER »SIEDLUNG LOKSTEDT«, JULIUS-VOSSELER-STRASSE 157–161, UM 1931

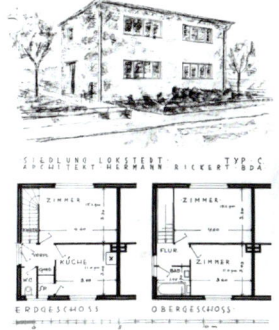

Wir durchqueren die Siedlung, gehen links durch den Repgowstieg und kommen so zur Julius-Vosseler-Straße. Dort biegen wir links ein und können nach etwa hundert Metern rechts am Sportplatz Tiefenstaaken auf die Hochhäuser der Lenzsiedlung blicken.

11 LENZSIEDLUNG, JULIUS–VOSSELER–STRASSE / LENZWEG / EIDELSTEDTER WEG

Der Hochhauskomplex wurde zwischen 1976 und 1984 im Rahmen des sozialen Wohnungsbaus aus Betonfertigteilen errichtet. Rund 3100 Bewohner leben in dem größten SAGA-Projekt der 1970er Jahre (Abb. 23). Damit weist die Lenzsiedlung die höchste Bevölkerungsdichte Hamburgs auf. Das dazugehörige städtische Leitbild in den 1970er Jahren hieß »Urbanität durch Dichte«, das eine Art Umkehrschluss zum Städtebau der 1950er Jahre darstellte. Statt überschaubarer, kleinstädtisch proportionierter reiner Wohnsiedlungen strebten die Stadtplaner nun nach einer Nutzungsverflechtung von Wohnen, Einkaufen und Arbeiten sowie einer größeren Wohndichte, um Urbanität ebenfalls in den Randgebieten von Städten zu erzeugen. In diesem Zusammenhang entstand die Lenzsiedlung auf einer noch unbebauten, ehemals landwirtschaftlich genutzten Fläche als sogenannte Trabantenstadt. Weitere Beispiele dieser Art von Städteplanung in Hamburg sind die Wohnquartiere Steilshoop und Tegelsbarg.

22 GRUNDRISS EINES HOCHHAUSGESCHOS-SES IN DER LENZSIEDLUNG, UM 1980

Die 1100 Wohnungen der Lenzsiedlung sind verhältnismäßig groß und für kinderreiche Familien gut geschnitten (Abb. 22). In der Lenzsiedlung leben tatsächlich überdurchschnittlich viele Kinder und

23 KINDERSPIELPLATZ UND HOCHHÄUSER DER LENZSIEDLUNG, UM 1980

junge Erwachsene, der Prozentsatz der unter 18-Jährigen liegt bei fast dreißig Prozent. Auch der Prozentsatz derjenigen, die soziale Transferleistungen beziehen oder einen Migrationshintergrund haben, liegt über dem Hamburger Durchschnitt. Die Lenzsiedlung galt deshalb lange als sozial schwieriges und benachteiligtes Viertel, in dem vor allem die Nachwachsenden wenig positive Perspektiven für sich entwickeln konnten. Mittlerweile hat sich die Situation jedoch deutlich verbessert – neben einem freundlichen Anstrich der Betonhäuser wurden ein Stadtteilbeirat, ein Bürgerhaus, Kursangebote für Erwachsene und Jugendliche, eine Internetseite und das neue »Wahrzeichen«, ein 300 Quadratmeter großes Wandbild mit Akrobaten verschiedener Nationalitäten, eingerichtet. Für das nachbarschaftliche Engagement hat die Siedlung vor einigen Jahren sogar auf Bundesebene mehrere Preise gewonnen. Der Lenzweg wurde nach dem Zoologen Harald Othmar Lenz (1798–1870) benannt. Auf dem Gelände befand sich während des Zweiten Weltkriegs ein Fremdarbeiterlager.

Zur nächsten U-Bahn-Station führt der Weg am Ende der Julius-Vosseler-Straße rechts in den Eidelstedter Weg und weiter geradeaus bis zur Haltestelle Lutterothstraße. Wer die Tour verlängern möchte, kann hier gleich im Anschluss den Spaziergang durch Stellingen beginnen.

CAFÉS / RESTAURANTS

Duetto
Lokstedter Steindamm 55 B
www.ristorante-duetto.de
→ *Weinbar und Ristorante eines italienisch-portugiesichen Duos*

Bäckerei und Konditorei Horn
Grelckstraße 10 A
www.konditorei-horn.de
→ *Konditoren mit regelmäßiger Fernsehpräsenz als »Torten-Tuner«*

Kleines Hofcafé
Rütersbarg 38
→ *Café im Landhausstil, hausgemachte Kuchen*

LÄDEN

Gärtnerei und Floristik Svenja Holzweißig
Stresemannallee 5-7
www.gaertnerei-holzweissig.de
→ *Familienbetrieb in vierter Generation*

Der Keksbäcker
Sorthmannweg 10
www.der-keksbaecker-hamburg.de
→ *Gebäckspezialist für Teegebäck von der Bärentatze bis zur Zitronette*

Lothar Streeck Flavors & Fragrances
Bötelkamp 34

www.riechstoffe.com
→ *von Lokstedt aus weltweit operierender Geruchsveredler*

Die Zuckerbäckerin
Lokstedter Steindamm 55 B
www.diezuckerbaeckerin.de
→ *Backen nach Kundenwunsch, Highend-Torten und Foodstyling*

HOTELS

das apartment
Lembekstraße 5
www.dasapartment-hamburg.de
→ *möblierte Apartments mit schicken Designermöbeln*

Hotel Engel
Niendorfer Straße 55
www.hotel-engel-hamburg.de
→ *familiäres Hotel mit gehobenem Standard*

FREIZEIT / SPORT

Alster-Dojo e.V.
Veilchenweg 34
www.alster-dojo.de
→ *japanische Schwert- und Kampfkünste*

Angelverein Anglerfreunde-Nord e.V.
Lohbekstieg 32 G
www.afnhh.de
→ *Hamburgs größter Angelverein*

DAV (Deutscher Alpenverein) Kletterzentrum Hamburg

Döhrnstraße 4
www.kletterzentrum-hamburg.de
→ *größte Anlage für Klettermaxe in ganz Norddeutschland*

E.S.V. Grün-Weiss Hamburg v. 1901 e.V.

Julius-Vosseler-Straße 195
www.gweimsbuettel.de
→ *Breitensport für alle*

Lokstedter FC Eintracht v. 1908 e.V.

Döhrntwiete 2
www.eintracht-lokstedt.de
→ *traditionsreicher Fußballclub mit Mannschaften von »Minis« bis Senioren*

Plakatwerkstatt

Veilchenstieg 29
www.plakatwerkstatt.de
→ *Freizeitwerkstatt für Buntpapierherstellung, Buchbinden und Kartonagen*

SC Victoria v. 1895 e. V.

Lokstedter Steindamm 87
www.sc-victoria.de
→ *Fußball, Leichtathletik, Tennis und mehr*

Sportwerk

Tennis, Squash, Fitness
Hagenbeckstraße 124
www.sportwerk-hamburg.de
→ *Hamburgs größte Squashanlage*

Turnverein Lokstedt von 1892 e.V.

Döhrntwiete 20
www.tv-lokstedt.de
→ *Leibesübungen für Jung und Alt*

KULTUR

Bücherhalle Lokstedt

Kollaustraße 1
www.buecherhallen.de
→ *Zweigstelle der Hamburger öffentlichen Bücherhallen*

Forum Kollau

Verein für die Geschichte von Lokstedt, Niendorf und Schnelsen e.V.
c/o Schule Bindfeldweg/Bindfeldweg 37
www.forum-kollau.de
→ *Verein für die Erforschung und Vermittlung der Stadtteilgeschichte*

SOZIALES / NON-PROFIT

Bürgerhaus Lokstedt e.V.

Sottorfallee 9
www.buergerhaus-lokstedt.de
→ *Stadtteiltreffpunkt mit zahlreichen kulturellen und sozialen Angeboten*

Bürgerverein Hoheluft-Großlokstedt e.V.

Radenwisch 70
www.buergerv.de
→ *Bürger gestalten die Stadtteilentwicklung*

Russisch-orthodoxe Kirche ★ Moschee ★ Wasserturm ★ Altona-Kieler Chaussee ★ Jüdischer Friedhof und »Stellinger Sahara« ★ Zwangsarbeiterlager ★ Friedhof ★ Rathaus ★ Hugo Haase Park ★ Tierpark Hagenbeck ★ Giraffe ★ »Stellinger Schweiz« und Wasserwerk

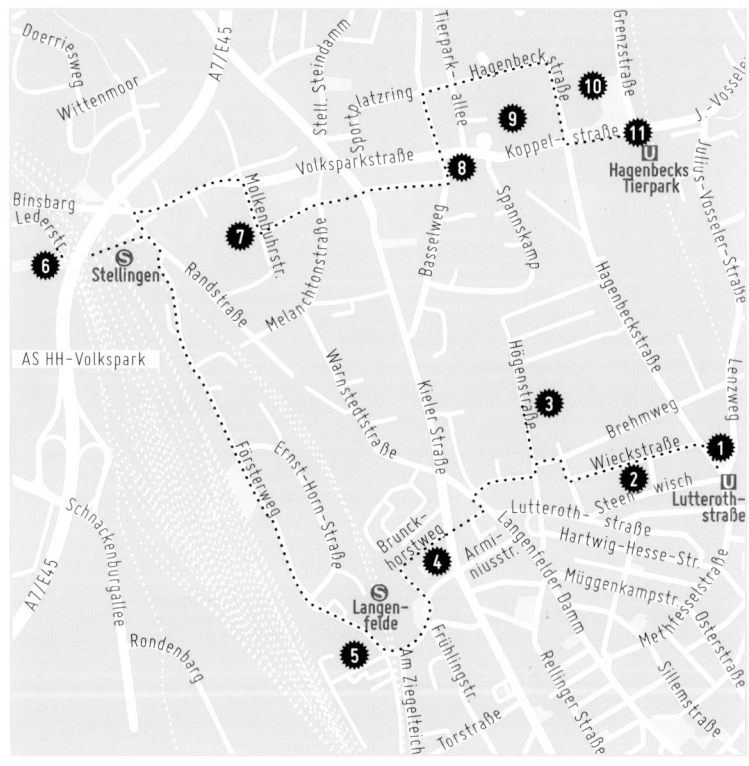

STARTPUNKT: U-Bahn-Station Lutterothstraße (U2)
ENDPUNKT: U-Bahn-Station Tierpark Hagenbeck (U2)
DAUER: etwa 2,5 Stunden

Der Name Stellingens setzt sich aus »Stallo«, einem altgermanischen Vornamen vermutlich eines Stammesführers, und der Endung »-ing«, die auf eine Zugehörigkeit hinweist, zusammen. »Stelling« bezeichnet demnach »den Ort, bei den Leuten des Stallo«. Diese Art der Ortsnamen war in der ersten Hälfte des ersten nachchristlichen Jahrtausends gebräuchlich. Aufgrund von stein- und eisenzeitlichen Funden im Bereich des Försterwegs wird jedoch angenommen, dass die Ansiedlung schon weitaus länger besteht.

Schriftlich erwähnt wird Stellingen zum ersten Mal 1347 von Nicolaus von Bremen, einem Pastor aus Eppendorf. In einer Liste mit Amtseinkünften wird unter anderem auch Stellingen als abgabepflichtig an das Kirchspiel Eppendorf aufgeführt. Nach damaligem Kirchenrecht war ein Hofbesitzer dazu verpflichtet, ein Zehntel seines Ertrages abzuliefern.

Der alte Ortskern von Stellingen liegt im nördlichen Teil der Gemarkung. Die ersten Höfe befanden sich entlang des heutigen Wördemanns Wegs und der Vogt-Kölln-Straße. Die Hufe mit dem Verwaltungssitz des Vogtes, den seit 1730 die Mitglieder der Familie Kölln stellten, lag an der heutigen Vogt-Kölln-Straße 24–30. Die Stellinger lebten fast ausschließlich von der Landwirtschaft – die letzte Butterfrau starb 1953, und der letzte Bauer stellte 1957 seinen Betrieb ein. Im Gegensatz zu Eidelstedt, Schnelsen und Niendorf sind jedoch keine alten Bauernhäuser erhalten. Der Wördemanns Weg ist nach dem ersten, 1892 eingeführten hauptamtlichen Gemeindevorsteher Stellingens, dem Stellmachermeister Joachim Wördemann, benannt.

Als sich in der zweiten Hälfte des 19. Jahrhunderts die Großstadt Hamburg ausdehnte, entwickelte sich als zweite Siedlungsverdichtung das im Süden an Eimsbüttel grenzende Langenfelde. Dorthin zogen aufgeschlossene und geschäftstüchtige Städter aus dem überfüllten Hamburg und eröffneten – besonders beliebt war der Langenfelder Damm – zahlreiche Gastwirtschaften, Ballsäle, Butterkeller (vgl. Milch- und Butterhandel, S. 139) und andere Geschäfte. Zwischen Langenfelde und dem Dorfkern Stellingens am Wördemanns Weg erstreckte sich noch vor hundert Jahren eine unbewohnte Fläche von Wäldern, Mooren, ein ausgedehnter Sandberg, Weiden und Ackerflächen. Die einzige Verbindung zwischen den beiden Teilen war der nach Norden führende Hauptverkehrsweg, die Altona-Kieler Chaussee (vgl. Station 7). Entlang dieser Straße (heute Kieler Straße) wuchsen in den letzten hundert Jahren Langenfelde und Stellingen aufeinander zu, von Süden her mit Ausflugslokalen, von Norden her nacheinander mit Friedhof, Schulgebäude, Feuerwehr und Stellinger Rathaus.

1 RUSSISCH-ORTHODOXE KIRCHE DES HEILIGEN PROKOP, HAGENBECKSTRASSE 10

Die russisch-orthodoxe Gemeinde in Hamburg besteht bereits seit 1902. Russische Geschäftsleute richteten in der obersten Etage eines Wohnhauses in Harvestehude (Böhmersweg 4) eine Kapelle zu Ehren des Heiligen Nikolaus ein. Nach dem Zweiten Weltkrieg schenkte die englische Besatzung der russisch-orthodoxen Gemeinde schließlich ein Grundstück am Mittelweg. Als dieses wegen eines dringenden Schulbaus aufgegeben werden musste, erhielt die Kirche dafür eine Ausgleichsfläche an der Hagenbeckstraße. Dort errichtete Leo Seroff nach den Ent-

1 RUSSISCH-ORTHODOXE KIRCHE DES HEILIGEN PROKOP

würfen des Architekten Aleksander Nürnberg 1961 bis 1965 einen Zentralbau mit kreuzförmigem Grundriss. Nach traditionellen Bauvorschriften soll jedes orthodoxe Kirchengebäude das Universum im Kleinen darstellen. Der Fußboden symbolisiert die irdische Welt, die Kuppeldächer den Himmel, wie hier die blaue mit Sternen besetzte Zwiebelhaube des Hauptturms (Abb. 1). Die Verbindung zwischen Himmel und Erde bildet der Altar (Abb. 2). Dieser ist durch eine Bilderwand (Ikonostase) vom übrigen Kirchenschiff abgetrennt, sodass der Priester im Altarraum die Messe ungesehen von den Gläubigen verliest. Vor der Ikonostase befindet sich eine

2 KIRCHE DES HEILIGEN PROKOP, ALTAR

erhöhte Ebene (Amwon), wo der Vorleser und der Chor ihren Platz haben. Vorbild für die Architektur ebenso wie für die Malereien im Innern sind altrussische und serbische Kirchenausstattungen. Die Innenwände sind fast vollständig mit Malerei bedeckt. Die Fresken von Baron Nikolai von Meyendorf folgen den kanonischen Vorgaben und überziehen die Wände von der Kuppel aus in hierarchischer Ordnung nach unten. Im Schlussstein der Kuppel ist der Pantokrator, der Weltenherrscher Christus, zu sehen. Es folgen Erzengel, Engel, die Muttergottes, Erzväter und Propheten, Apostel usw.

Im Gegensatz zu den frei schwingenden Glocken der Westkirche sind die russischen fest verankert und werden mit Klöppeln, die indirekt über Seile mit der Hand betätigt werden, angeschlagen. Die ersten vier Glocken der Kirche waren ein Geschenk der Stadt Hamburg, sie kamen aus dem »Glockenhafen« an der heutigen Tokiostraße. Dort wurden seit 1942

134   deutsche und andere europäische Kirchturmglocken gesammelt, um sie in Kanonenrohre umzuwandeln.

Das neue Geläut des Glockengiebels, 1996 in Russland gegossen, besteht aus sechs zwischen acht und 220 Kilogramm schweren Glocken. Sie tragen Relief-Ikonen der Heiligen Dreieinigkeit, Christi, der Gottesmutter von Kasan und des Heiligen Prokop, dem die Kirche geweiht ist. Prokop von Ustiug war ein vermögender Lübecker Kaufmann, der im 13. Jahrhundert zu den Nowgorodfahrern gehörte. Er verteilte jedoch sein Vermögen unter den Armen, trat vom katholischen zum orthodoxen Glauben über und lebte fortan ohne materiellen Besitz im Freien. Nach umfangreichen Restaurierungsmaßnahmen steht die Kirche seit 1994 unter Denkmalschutz. In der Regel finden samstags um 17 Uhr Nachtwachen und sonntags um 10 Uhr Gottesdienste statt. Eine Stunde vor den Gottesdiensten wird die Kirche geöffnet und kann besichtigt werden. Zur Kirche gehört ein Gemeindehaus mit Priesterwohnung.

Weiter geht's auf der Hagenbeckstraße und dann links in die Wieckstraße.

2 FAZLE-OMAR-MOSCHEE, WIECKSTRASSE 24

Die Fazle-Omar-Moschee wurde 1957 eröffnet und ist damit die älteste Moschee Hamburgs und nach der Wilmersdorfer Moschee in Berlin von 1924 die zweitälteste Moschee in Deutschland (Abb. 3). Sie wurde von der Ahmadiyya Muslim Jamaat gegründet, einer Gemeinschaft, die auf eine islamische, 1889 gegründete Reformgemeinde in Indien zurückgeht. Der Architekt war ein Deutscher, der zum Islam konvertiert war. Die Eröffnungsrede hielt Muhammad Zafrullah Khan (1893–1985), der später Außenminister von Pakistan und Präsident des Internationalen Gerichtshofs in Den Haag wurde. Der Bau wurde von drei deutschen Banken durch Spendengelder unterstützt, und auch bei der Hamburger Bevölkerung stieß die Moschee, errichtet vor der ersten großen Zuwanderungsbewegung türkischer Arbeitsmigranten Anfang der 1960er Jahre, auf große

3 FAZLE-OMAR-MOSCHEE, 1957

Akzeptanz. Die Gemeinschaft legt besonderen Wert auf den Austausch zwischen den Religionen und fördert das tolerante Nebeneinander verschiedener Glaubensrichtungen. Noch heute steht die Moschee nicht nur am »Tag der offenen Moschee« am 3. Oktober wie alle anderen Moscheen jedem Interessierten offen. Sie bietet Informationsveranstaltungen für Schulklassen und war an der Schulung der Bundeswehrsoldaten, die für den Afghanistaneinsatz ausgebildet wurden, beteiligt. Bis zum Bau der Imam-Ali-Moschee und des Islamischen Zentrums an der Alster 1965 war die Moschee die einzige islamische Gebetsstätte in Hamburg auch für Gläubige anderer islamischer Richtungen. Mittlerweile gibt es in Hamburg mehr als zehn islamische Gebetsräume.

Wir gehen nun bis zum Ende der Wieckstraße, dann rechts in den Jaguarstieg und die nächste Straße gleich wieder links. Am Ende des Brehmwegs gelangen wir rechts in die Högenstraße.

STELLINGER WASSERTURM, HÖGENSTRASSE 114

Der Stellinger Wasserturm wurde 1911 von dem Kölner Architekten Max Stirn erbaut. Er steht auf der mit 25 Metern höchsten Erhebung Stellingens, Up de Högen. An der abgeflachten Seite hat er die Form eines langgestreckten Bürgerhauses mit Giebel (Abb. 4). Der ehemals mit Kupfer gedeckte Turm aus Lüneburger Handstrichziegeln ist 47,59 Meter hoch und war das neue Wahrzeichen einer aufblühenden Vorortgemeinde. Der Wasserbehälter fasste ein Volumen von 600 Kubikmetern. Die Galerie oberhalb des Wasserreservoirs konnte als Aussichtsplattform

4 STELLINGER WASSERTURM

genutzt werden. Der Turm bildete mit einer großzügigen Platz- und Terrassenanlage an seinem Fuß eine architektonische Einheit. Eine Pergola aus Beton bot Schatten, und symmetrisch angelegte Gärten luden zum Verweilen ein. Diese wurden spätestens 1974, als der Turm zu einem Wohnhaus mit elf Eigentumswohnungen umgebaut wurde, entfernt. Der angebaute quadratische Treppenturm an der Rückseite des Turms sowie die vielen Fenster im Schaft lassen den ursprünglichen Eindruck des Turms als Industriebau nur mehr ahnen.

Um zur nächsten Station zu gelangen, werfen wir einen Blick auf die Karte am Anfang des Spaziergangs.

ALTONA-KIELER CHAUSSEE (HEUTE KIELER STRASSE)

Die Initiative für eine befestigte Landstraße zwischen den rivalisierenden Städten Hamburg und Kiel ging auf den dänischen König und Herzog von Holstein Frederik VI. zurück. Zwischen 1832 und 1834 ließ er eine 92,3 Ki-

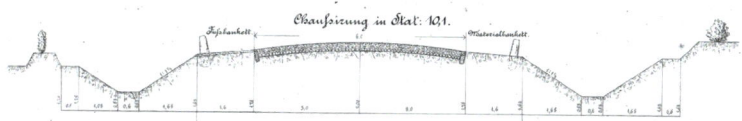

5 REGELPROFIL DER ALTONA–KIELER CHAUSSEE, 1880

lometer lange Kunststraße (= Chaussee) vom Gählers Platz in Altona über Bramstedt und Neumünster nach Kiel anlegen. Es war die erste Kunststraße in Schleswig-Holstein. Die Wahl fiel auf die westliche Strecke, weil hier ein Teil der alten Frachtstraßenführung übernommen werden konnte, die natürlichen Höhenunterschiede gering waren und die dortigen Gemeinden Steine, Kies und Land unentgeltlich für den Straßenbau zur Verfügung stellten. Die Chaussee wurde künstlich geebnet, bekam einen gewölbten zweispurigen neun Meter breiten Fahrdamm, Entwässerungskanäle an den Seiten sowie Fußgängerwege in den knapp zwei Meter breiten Gräben rechts und links der Fahrspur (Abb. 5). Die dreißig Zentimeter dicke Straßendecke bestand aus mehreren Schichten verschieden großer Steinchen, die in den Untergrund gestreut und gewalzt wurden. Diese Bautechnik wurde nach dem schottischen Ingenieur John Loudon MacAdam »Makadamisierung« genannt. Bisher hatte die Reisezeit auf den unbefestigten Wegen von Altona nach Kiel für einen Omnibus mit vier vorgespannten Pferden mindestens zwanzig Stunden betragen. Auf dem Schotterbelag benötigten die Fuhrwerke nur noch zehn Stunden. Eine gefederte Postkutsche brachte es dabei auf zehn

6 HAUS DES ZOLLVERWALTERS, KIELER STRASSE 299

138 Kilometer pro Stunde, und aufgrund des komfortablen Reisens zählte man um 1840 zwischen Altona und Kiel bereits knapp 19 000 Fahrten im Jahr.

Ab 1840 wurden Alleebäume gepflanzt. Außerdem wurden Verkehrsregeln wie Rechtsverkehr und Überholen auf der linken Spur aufgestellt. Wegen der empfindlichen, gleichmäßig zu befahrenden Steinschlagoberfläche des Belags durfte ein Wagen nicht in derselben Spur wie das vorangegangene Fahrzeug fahren. Zu diesem Zweck stellten die Chausseewärter spezielle Holzböcke als Hindernisse auf und lenkten damit die Wagen in eine neue Spur. Für die Instandhaltung und Finanzierung der Kunststraße wurden Nutzungsgebühren erhoben. Je nach Gespanngröße oder Gewicht der Ladung mussten die Reisenden ein Chausseegeld entrichten. Eines der vermutlich dreizehn Chausseewärter-Häuschen mit Schlagbaum stand an der Einmündung des Langenfelder Damms. Etwa auf derselben Höhe (heute Kieler Straße 299) stand außerdem die 1777 errichtete dänische Zollstation (Abb. 6). An diesen Haltepunkten, an denen meistens auch ein Meilenstein aufgestellt war, eröffneten ebenfalls zahlreiche Rasthöfe und Gasthäuser (vgl. Fahrradtour). Nun nahm auch der Verkehr am Wochenende zu, wenn die Städter für Tanzveranstaltungen und andere Vergnügungen in die umliegenden Dörfer fuhren (Abb. 7). Als die Straßengebühren und der Zoll 1864 abgeschafft wurden, mussten auch einige Gasthäuser wieder schließen.

7 TIMMERMANNS ETABLISSEMENT, 1917, LANGENFELDER DAMM, ENDSTATION DER STRASSENBAHNLINIEN 3,5,11

MILCH- UND BUTTERHANDEL

Ein wichtiger Erwerbszweig für die Stellinger war seit dem Beginn des 17. Jahrhunderts der Milchhandel und einige Zeit später auch der Butterhandel. Anfänglich fuhr die Hamburger Kundschaft selbst über die Altona-Kieler Chaussee nach Stellingen hinaus und kaufte die Milch und andere landwirtschaftliche Erzeugnisse direkt bei den Landwirten. Mitte des 19. Jahrhunderts wechselte die Handelsrichtung, mehrere Milchbauern schlossen sich zusammen und kauften den ersten gemeinsamen Milchwagen. Nun fuhren sie umgekehrt nachts voll beladen in die Stadt und kehrten am Morgen mit leerem Wagen zurück. Die einen lieferten nach Altona, die anderen nach Hamburg. Der Milchhandel wurde zu einer der Haupteinnahmequellen Stellingens. Bis 1844, als die Eisenbahnlinie nach Kiel eröffnet wurde, hatten die Milchbauern noch eine zusätzliche Aufgabe – sie trugen die Post, die sie von ihren Milchfahrten aus Hamburg mitbrachten, für die Stellinger aus. Das erste Postamt Stellingens entstand im Jahre 1887 an der Kieler Straße (ehemals Nr. 310). Langenfelde hatte sich im Unterschied zu Stellingen auf die Herstellung und den Handel mit Butter spezialisiert. Besonders am Langenfelder Damm entstanden einige Butterkeller. Von Montag bis Donnerstag fuhren die Butterhändler über Land und tauschten dort ihre Butter gegen Schinken, Eier oder Wild ein. Freitag und Samstag verkauften sie in Hamburg und Altona. Häufig waren es die jungen Frauen, die Langenfelder Buttermädchen, die die Aufgabe in der Stadt übernahmen. Mit ihren Zylinderhüten, dem engen Mieder, den langen Röcken und den rechteckigen Butterkörben gehörten sie bald zum ständigen Bild von Langenfelde und sind bis heute eine Symbolfigur des ländlichen Stellingen-Langenfeldes geblieben.

LANGENFELDER BUTTERMÄDCHEN

5 JÜDISCHER FRIEDHOF, FÖRSTERWEG, UND »STELLINGER SAHARA«

Der Jüdische Friedhof am Försterweg ist 1883 aus einem innerjüdischen Streit um das ewige Ruherecht der Toten hervorgegangen. Im jüdischen Glauben wird dem Friedhof ein besonderer Stellenwert beigemessen; Gräber dürfen niemals aufgelöst werden, damit den Verstorbenen ewige Totenruhe bis zur Ankunft des Messias zugesichert ist. Auf dem Ohlsdorfer Friedhof konnte dies nicht gewährleistet werden, weil die jüdische Gemeinde hier lediglich das Recht auf dauernde Nutzung bekam, das Gelände von der Stadt Hamburg jedoch nicht kaufen konnte. Aus diesem Grund erwarb die orthodoxe Synagogengemeinde »Vereinigte und Neue Klaus« im damals preußischen Langenfelde ein Stück Land auf ewige Zeiten. Otto von Bismarck genehmigte den Begräbnisplatz. Der ein Hektar große Friedhof liegt neben der Hochhaussiedlung »Die Linse« sowie einem Kleingartenverein und ist mit einer alten Backsteinmauer und einem modernen Gitterzaun umfriedet (Abb. 8). Das letzte Begräbnis fand 1941 statt. Der Friedhof ist nicht öffentlich zugänglich.

Noch vor hundert Jahren war das Gelände zwischen Försterweg und A7 ein Moor. Es wurde nach dem Ersten Weltkrieg von arbeitslosen Kriegsheimkehrern im Rahmen von Notstandsarbeiten mit den abgetragenen Erdmassen des Winsberges trockengelegt. Für das neu zu erschließende Industriegelände wurde ein Bahndamm aufgeschüttet, und es wurden Anschlussgleise für die Fabriken gelegt. Wegen der Größe und der Ödnis der Fläche wurde das Gelände zeitweise auch »Stellinger Sahara« genannt (Abb. 9).

8 JÜDISCHER FRIEDHOF LANGENFELDE

Die Route führt weiter den Försterweg entlang, links geht es am Betriebswagenwerk Langenfelde vorbei. Hier werden mit einer Waschanlage die ICE an einem 390 Meter langen Bahnsteig von innen und außen gereinigt. An der Randstraße angelangt, geht es links ab und beim S-Bahnhof Stellingen durch die Bahnunterführung hindurch.

9 »STELLINGER SAHARA«, UM 1925

 6 ZWANGSARBEITERLAGER DER »DEUTSCHEN ARBEITSFRONT«, LEDERSTRASSE

Im S-Bahnhof Stellingen erinnert eine blaue Gedenktafel daran, im Gewerbe- und Industriegebiet hinter dem Bahnhof weist eine Bodenplatte darauf hin, dass sich hier zur Zeit des Nationalsozialismus das zeitweise größte Hamburger Zwangsarbeiterlager mit bis zu 2000 Insassen befunden hat. Insgesamt gab es in Hamburg mehrere Hundert Lager, und der Nordwesten der Stadt spielte für die gesamten Rekrutierungsmaßnahmen der Nationalsozialisten eine wichtige Rolle. Als die Zahl der gefallenen deutschen Soldaten stieg, sollten Zwangsarbeiter aus den von Hitler überfallenen Regionen ihre Arbeitskraft ersetzen. 1942 zählte das Deutsche Reich 2,1 Millionen ausländische zivile Arbeitskräfte aus 24 Nationen. Davon fielen eine halbe Million auf Hamburg. In den 18 nicht beheizbaren Baracken des Lagers in der Lederstraße gab es Platz für 594 Zivilarbeiter. Ein Großteil von ihnen kam aus Russland, der Rest aus den Niederlanden und aus Frankreich. Sie wurden in der Rüstungsindustrie,

142 bei der Trümmerbeseitigung und für die Straßenreinigung eingesetzt. Außerdem diente das Lager als Umschlagplatz für Kriegsgefangene, die als Be- und Entladekolonnen an den Güterbahnhöfen arbeiten mussten. Auch die meisten ortsansässigen Industriebetriebe in Stellingen und in den umliegenden Stadtteilen »beschäftigten« Zwangsarbeiter, die Produktion konnte in Kriegszeiten nur mit ihrer Hilfe aufrechterhalten werden. Im näheren Umkreis wurden ab 1941 weitere Zwangsarbeiterlager wie im Rondenbarg für Sinti und Roma oder im Friedrichshulder Weg für Frauen des Konzentrationslagers Neuengamme aufgebaut, in Stellingen gab es insgesamt 27 Lager.

Nun geht es wieder durch die Unterführung zurück, über die Randstraße hinweg, geradeaus bis zur Volksparkstraße. An der Molkenbuhrstraße biegen wir rechts ein und kommen zum Eingang des Stellinger Friedhofs.

7 FRIEDHOF STELLINGEN, MOLKENBUHRSTRASSE 6

Viele Jahre war die politische Zugehörigkeit Stellingens von seiner kirchlichen getrennt. Anfangs war Stellingen zu Eppendorf eingepfarrt, später wanderten die Stellinger zum Kirchgang nach Niendorf, bis sie 1892 eine

10 JOSEF SCHIPPERS

unabhängige Kirchengemeinde wurden. Eine eigene Kirche bekamen sie aber erst 1908. Die backsteinerne Stadterweiterungskirche wurde 1943 zerstört und zwischen 1951 und 1953 durch eine neue Kirche nach Plänen des Architekten Kurt Quednau ersetzt. Noch vor dem ersten Stellinger Kirchenbau entstand 1893 der Friedhof. Durch den alten Baumbestand, die klare Gliederung entlang der betonten Mittelachse und der Umfriedung jeder zweiten Gräberreihe mit Lebensbaumhecken lädt der Friedhof zum Verweilen ein. Getrübt wird der Aufenthalt jedoch durch den Verkehrslärm der angrenzenden Volksparkstraße und der Autobahn.

Berühmte Grabstätten befinden sich in der Mitte des alten Friedhofsteils. Dort liegen die beiden bedeutenden Schaustellerfamilien Schippers und van de Ville. Josef Schippers, geboren 1880, maß 2,12 Meter und verdiente mit seiner Größe Geld auf Jahrmärkten (Abb. 10). Zusammen mit seinem Kollegen, dem Seiltänzer und Schwert-

11 CAMPINGPLATZ KIELER STRASSE, UM 1965

schlucker Otto van de Ville, eröffnete er 1923 eine Schaustellerfirma für transportable Fahrgeschäfte in Altona.

1959 wurde der Friedhof auf der gegenüberliegenden Straßenseite erweitert. Dort liegt im elterlichen Grab der RAF-Terrorist Holger Meins, der 1974 an den Folgen eines Hungerstreiks im Gefängnis starb. Die heute insgesamt sieben Hektar große Fläche bietet Platz für ungefähr 8000 Grabstätten, die unabhängig vom Wohnort oder der Konfession der Verstorbenen vergeben werden.

Die Molkenbuhrstraße hat nichts, wie man vermuten könnte, mit den Stellinger Milchbauern zu tun, sondern sie ist nach dem SPD-Politiker Hermann Molkenbuhr (1851–1927) benannt. Wir verlassen den Friedhof dort, wo wir ihn betreten haben, und gehen die Johann-Wenth-Straße bis zur Kieler Straße. Wir überqueren die Kieler Straße und gehen rechts etwa hundert Meter bis zur Nummer 374. Umgeben von Häusern und Straßen liegt dort zwischen hohen Laubbäumen seit über vierzig Jahren ein kleiner, individuell geführter Campingplatz mit Frühstücks-, Brötchen- und Getränkeservice (Abb. 11).

VERKEHR

Gegenwärtig fällt es schwer, den Stadtteil als zusammengehörige Einheit wahrzunehmen. Ein echtes Zentrum hat sich einerseits durch die historisch bedingte räumliche Distanz zwischen Stellingen und Langenfelde, andererseits auch durch die Verkehrsplanung der letzten fünfzig Jahre nicht ausbilden können. Zwei große Verkehrsachsen sowie die A7 zerschneiden den knapp sechs Quadratkilometer großen Stadtteil in mindestens vier Teile. In Nord-Süd-Richtung bildet die Koppelstraße / Volksparkstraße eine schwer zu überwindende Schneise, in Ost-West-Richtung die Kieler Straße, die sich von einem alten Ochsenweg zur Chaussee, später zur Reichsstraße und schließlich zur Bundesstraße (B4) wandelte und über die bis in die 1960er Jahre der gesamte Verkehr nach Skandinavien abgewickelt wurde. Im Aufbauplan von 1960 war festgeschrieben, dass an Verkehrsknotenpunkten und in der Nähe von neuen Wohnsiedlungen gestaffelt nach Größe entweder Ortszentren, etwas kleinere lokale Zentren oder Ladengruppen entstehen sollten.

KREUZUNG KIELER STRASSE / KOPPELSTRASSE / SPORTPLATZRING, UM 1988

In diesem Zusammenhang wurden 1962/63 neue Ladenflächen als lokales Zentrum an der Kieler Straße 421/425 eingerichtet. Die Autobahn war zu diesem Zeitpunkt noch nicht fertig gestellt. Der Architekt der leicht und transparent wirkenden Zeile war Werner Kallmorgen, der auch den backsteinernen Sockel der Elbphilharmonie, den Kaispeicher A, entworfen hat.

Als die B4 dem Verkehr Richtung Norden nicht mehr gewachsen war, entstand ab 1961 zunächst die Umgehungsstraße Eidelstedt, die ab 1970 zur Bundesautobahn sieben (A7) erweitert wurde. Von da an war die Kieler Straße zwar vom direkten Fernverkehr entlastet, wurde aber als Autobahnzubringer zur Anschlussstelle Stellingen genutzt und 1970 auf sechs Fahrspuren von elf auf 22 Meter verbreitert. Die Kreuzung Kieler Straße / Sportplatzring ist heute eine der verkehrsreichsten in ganz Hamburg.

Für Fußgänger und Fahrradfahrer, selbst für Autos sind die Hauptverkehrsadern schwer zu überwinden, und viele Häuser, Betriebe, Gartenlauben, Vorgärten und Bäume mussten dem modernen Straßenausbau weichen. Noch 1956 wurden die Reihenhäuser am Imbekstieg mit dem Versprechen »Wohnen im Grünen«

beworben. Ein paar Jahre später reichte der Garten bis auf wenige Meter an die Autobahn heran. Die fehlende Mitte des Stadtteils ist für die Stellinger Bevölkerung nach wie vor ein großes Thema. Die Zusammenführung zumindest zweier Teile ist in nächster Zukunft mit der Überdeckelung der A7 zwischen Kieler Straße und Güterumgehungsbahn geplant. Auf dem »Stellinger Deckel« sollen erneut Kleingärten, Grünflächen und Baumpflanzungen entstehen.

UMGEHUNG EIDELSTEDT, SPÄTER A7, UND DIE NOCH VIERSPURIGE KIELER STRASSE, 1964

8 STELLINGER RATHAUS, BASSELWEG 73

Der Weg führt über die Kieler Straße links hoch in die Jugendstraße, wo sich am Ende links der Basselweg mit dem Stellinger Rathaus befindet. Wie Hamburg hatte auch Stellingen um 1900 explodierende Einwohnerzahlen zu verzeichnen, die Bevölkerung hatte sich von 1825 bis 1900 auf knapp 6000 Einwohner mehr als verzehnfacht, und die Wirtschaft florierte. Als Pläne laut wurden, Stellingen solle seine Eigenständigkeit verlieren und nach Altona eingemeindet werden, versuchte Stellingen, sein Vermögen zu retten und investierte daraufhin in gemeinnützige Bauvor-

12 STELLINGER RATHAUS, 1928

haben. Neben Wasserturm und Sportanlagen entstand aus diesem Grunde 1912 bis 1913 ein neues Verwaltungsgebäude, das sogenannte Stellinger Rathaus (Abb. 12). Der Architekt Karl Zöllner gestaltete die Fassade im Stil des Hamburger Neobarock. Kennzeichnend für seine Formensprache sind die beiden von Voluten durchbrochenen Schweifgiebel, die ovalen Fenster sowie kontrastierende Back- und Sandsteinelemente. Blickfang und Schauseite ist die Halbkreistreppe mit dem darüber liegenden Balkon und dem Eingang zum Ratskeller am Basselweg. Die ehemals zweispurige Koppelstraße verlief ursprünglich über den Parkplatz des Rathauses und wurde beim Ausbau zur vierspurigen Durchgangsstraße einige Meter nach Norden versetzt. Bis 1987 befand sich hier das Ortsamt Stellingen, bis es 1998 zu einem Kundenzentrum des Bezirks Eimsbüttel umfunktioniert wurde und seither zum Verdruss der Stellinger bereits einige Male wegen Sparmaßnahmen geschlossen werden sollte.

Weiter geht es den Basselweg Richtung Norden, an dem großen Sport-platz vorbei und rechts in die Hagenbeckallee.

9 HUGO HAASE PARK, HAGENBECKSTRASSE

Ähnlich wie die Motorradrennbahn in Lokstedt (vgl. Lokstedt-Spaziergang) konnte sich der Hugo Haase Park, genannt HH-Park, nur wenige Jahre, von 1914 bis 1922 halten (Abb. 15). Der ganzjährig geöffnete Vergnügungs-park befand sich an der Kaiser-Friedrich-Straße (heute Hagenbeckstraße) neben dem Tierpark Hagenbeck. Der Gründer Hugo Haase (1857–1933, Abb. 13) wurde in Winsen an der Luhe geboren und arbeitete als Schlosser und Werksleiter für eine Altonaer Maschinenfabrik, die auch Karussells kon-struierte, bevor er sich im Harzer Roßla als »Ingenieur und Dampf-Schiff-Caroussel-Fabrikant« selbständig machte. Bis zu diesem Zeitpunkt wurde die ohnehin kleine Auswahl an Karussells mit Muskelkraft angeschoben. Dazu wurde eine Grube unterhalb des Karussells ausgehoben, und ein Mensch schob das Gerät von unten mit der Hand an. Die weniger elegante Variante war der Einsatz von vorge-spannten Pferden. Nachdem Haase erfolgreich mit Dampfenergie experimentiert hatte, nutzte er als Erster auch elektrische Energie als Antrieb für seine Karussells. Schnell machte er sich einen Namen, zog mit seinen selbst entworfenen Fahrgeschäften von Jahrmarkt zu Jahrmarkt und stieg zum »Karussell-könig« empor, bis er sich mit 57 Jahren in Stellingen den Traum eines dauerhaften Vergnügungsparks er-

13 HUGO HAASE
(1857–1933)

füllte. Mehr als 1,6 Millionen Mark soll Haase in den Park investiert haben. Attraktionen waren die Gebirgsszeneriebahn (Abb. 14), ein Irrgarten, »das Oberbayern« und eine Wasserrutsche, von der aus 33 Metern Höhe – da-mals der höchste Punkt Hamburgs – Kähne in ein Wasserbecken rasten. Publikumsmagnet waren außerdem die sechs jeweils zwanzig Meter hohen Beleuchtungstürme mit elektrischem Licht. Im Innern der Türme strahlte

14 GEBIRGSBAHN IM HUGO HAASE VERGNÜGUNGSPARK

wechselnd farbiges Licht, außen waren sie mit mehreren Tausend kleiner Glühlämpchen besetzt. Für den Strombedarf ließ die Stadt Hamburg ein eigenes Elektrizitätswerk errichten. Doch nach nur acht Jahren musste der HH-Park schließen. Einige Fahrgeschäfte wanderten anschließend in den Luna-Park nach Altona, wo Haase seit 1923 die Leitung übernommen hatte. Natürlich war Haase mit etlichen beliebten Fahrgeschäften wie zum Beispiel einer der ersten Achterbahnen auch immer wieder auf dem Hamburger Dom

15 PLAKAT FÜR DEN HUGO HAASE VERGNÜGUNGS-PARK IN STELLINGEN, 1914

vertreten. Eines seiner berühmtesten Karussells ist das Stufenkarussell El Dorado. Es stand von 1910 bis 1970 auf der New Yorker Halbinsel Coney Island, wurde dann nach Japan verkauft und ist bis heute in einem Freizeitpark bei Tokio in Benutzung.

Am Ende der Hagenbeckstraße geht es links in die Koppelstraße und dann wieder links zum Eingang des Tierparks Hagenbeck.

10 TIERPARK HAGENBECK, LOKSTEDTER GRENZSTRASSE 2

Der Vater des Tierparkgründers, ein ehemaliger Fischhändler, begann am Spielbudenplatz mit einem kleinen Tierhandelsgeschäft und dem Ausstellen von sechs Seehunden. Bereits mit 22 Jahren übernahm der Sohn, Carl Hagenbeck (1844–1913), das Geschäft und zog an den Neuen Pferdemarkt 13. Dort konnten Besucher gegen eine kleine Gebühr wilde Tiere auf dem rückwärtigen Grundstück besichtigen, jedoch platzte der Hof schnell aus allen Nähten. Hagenbeck suchte nach einem geeigneteren Grundstück, kaufte 1907 in dem weit abseits liegenden Dorf Stellingen Land und eröffnete dort einen großen, modernen Tierpark. Aus geschäftlicher Sicht war es ein großes Wagnis, denn Hamburg hatte bereits einen großen, artenreichen, von den damals besten Architekten gestalteten Zoologischen Garten, der sich am Dammtor befand. Doch Hagenbeck punktete beim Publikum mit seinen patentierten gitterlosen Gehegen. Die Menschen hatten eine direkte Sicht auf die Tiere und waren nur durch einen Wassergraben von den zum Teil wilden Tieren ge-

16 HAGENBECK-EINGANG, 1960

17 WALROSSDAME »NESEYKA« IM EISMEER DES TIERPARKS HAGENBECK

trennt. Hagenbeck war der Ansicht, dass der Aufenthalt an frischer Luft und die Gewöhnung an das hiesige Klima der Gesundheit der Tiere besser tue als beheizte Innenräume. Er versuchte, den natürlichen Lebensraum der Tiere nachzubauen und sie in größtmöglicher Freiheit zu zeigen. Gämsen und Steinböcke leben bis heute in gebirgsartigen Gehegen, Steppentiere auf trockenem, flachen Untergrund und die Raubtiere unter anderem in Schluchten. Die Landschaften ließ Hagenbeck aus Betongüssen herstellen, sodass sie praktischerweise auch gut zu reinigen waren. Diese Technik war eine Weltneuheit, die er sich patentieren ließ.

Von Anfang an hatte der Tierpark Hagenbeck nicht nur eine große Artenvielfalt, sondern konnte auch mit besonders beeindruckenden Tierarten wie Elefanten, Löwen und Eisbären trumpfen. Diese Tiere finden sich neben einem Nubier und einem Indianer als Bronzeplastiken im ehemaligen Hauptportal wieder (Abb. 16). Das berühmte Eingangstor steht heute auf dem Gelände des Zoos und hat für Hamburger Wahrzeichencharakter erlangt. Im Zweiten Weltkrieg starben im Tierpark 450 Tiere und neun Menschen. Die Elefanten kamen während dieser Zeit als Arbeitstiere zum Einsatz und halfen, die Trümmer beiseite zu schaffen.

Hagenbeck hat sich außerdem mit der Zucht von bedrohten und seltenen Tierarten einen Namen gemacht. Derzeit werden 29 bedrohte Arten in einem europäischen Erhaltungs-Zuchtprogramm mit Erfolg gezüchtet. Die Gesamtkosten des Zoos belaufen sich pro Tag auf etwa 41 000 Euro, wovon ungefähr 4000 Euro für die Fütterung der ungefähr 1850 Tiere ausgegeben werden. Der Zoo ist in der sechsten Generation in Familienbesitz. Die laufenden Kosten können durch die Eintrittsgelder gedeckt werden, die Finanzierung neuer Projekte wie zum Beispiel des im Mai 2012 eröffneten Eismeers übernehmen Stiftung und Förderverein. Auf dem 750 Meter langen Rundgang können die Besucher Eisbären, Pinguinen und einem Walross auch beim Schwimmen unter Wasser zusehen (Abb. 17). Teile der Polarlandschaft sind das ganze Jahr auf sieben Grad gekühlt.

Auf dem Weg zur U-Bahn-Haltestelle geht es an einer großen, allerdings nicht lebendigen Giraffe vorbei.

11 »MANN AUF DEM HALS EINER GIRAFFE« VON STEPHAN BALKENHOL, KOPPELSTRASSE / ECKE LOKSTEDTER GRENZWEG

Das Kunstwerk »Mann auf dem Hals einer Giraffe« von Stephan Balkenhol weist den Weg zum Eingang des Tierparks (Abb. 18). Die knapp acht Meter hohe und zweieinhalb Tonnen schwere, farbig gefasste Bronzeplastik wurde im Rahmen des Programms »Kunst im öffentlichen Raum« und im Zusammenhang mit der Neubebauung südlich des Tierparks Hagenbeck im Jahre 2001 aufgestellt. Der Künstler Stephan Balkenhol ist einer der bekanntesten zeitgenössischen deutschen Bildhauer und lehrt seit 1992 als Professor für Bildhauerei an der Staatlichen Akademie der Bildenden Künste in Karlsruhe. In den 1970er Jahren begann er mit figürlichen Arbeiten, nachdem in der Bildenden Kunst einige Jahrzehnte lang ungegenständliche Werke den Ton

152 angegeben hatten. Das Hauptthema Stephan Balkenhols ist der Mensch. Er versucht, die menschliche Figur von Botschaften und moralischen Beigaben, die ihr in den letzten Jahrhunderten von der Kunstgeschichte zugeschrieben wurden, zu befreien. Das Erzählerische tritt zugunsten der Figur als solcher zurück. Die Gattung Mensch und in diesem Fall die Gattung Tier rücken in den Vordergrund und sind fast völlig frei von subjektivem Ausdruck. Durch die maßstäblich zu kleine Männerfigur, die sich am Hals der Giraffe festhält, wächst die Bedeutung des Tieres. Wie viele seiner männlichen Figuren trägt auch diese eine schwarze Hose und ein weißes Hemd, wodurch das Allgemeingültige

18 »MANN AUF DEM HALS EINER GIRAFFE« VON STEPHAN BALKENHOL

der Personen unterstrichen wird. Häufiger als mit Bronze arbeitet Balkenhol mit dem Material Holz und bearbeitet die Oberfläche nur so weit, dass Säge- und Hobelspuren sichtbar bleiben. Auch bei dieser Bronzeplastik ist eine Oberflächenstruktur erkennbar. Weitere »stadtbekannte« Skulpturen des Künstlers sind die vier Bojenfiguren aus Holz auf der Elbe und der Alster sowie ein Mann und eine Frau mit überlangen Beinen auf dem Vorplatz der Zentralbibliothek am Hühnerposten. Auf der gegenüberliegenden Straßenseite an der Haltestelle Tierpark Hagenbeck endet der Rundgang. Wer noch länger frische Luft genießen will, macht einen Abstecher in die »Stellinger Schweiz«. Dorthin führt der Weg links in die Lokstedter Grenzstraße und weiter geradeaus in die Straße Deelwisch, wo nach etwa hundert Metern ein Fußweg in die »Stellinger Schweiz« abzweigt.

→ ABSTECHERTIPP

»STELLINGER SCHWEIZ« UND GRUNDWASSERWERK STELLINGEN, NIEWISCH 37

Für einen ausgedehnten Spaziergang oder um den Blick in die Weite schweifen zu lassen, lohnt sich ein Abstecher in die Stellinger Schweiz. Das Naherholungsgebiet existiert erst seit 1961 und ist ein Nebenprodukt des U-Bahn- und Straßenbaus. Die sanften Hügel der Wiesenlandschaft wurden mit den Erdmassen des Gleisaushubs der U2 aufgeschüttet. Neben Hundewiese und Kinderspielplatz gibt es im Winter einen beliebten Rodelberg. Am Ende der Straße Niewisch, die durch die Grünanlage führt, befindet sich das Grundwasserwerk Stellingen, ein Gebäudekomplex aus den Jahren 1909 sowie 1930 bis 1936 (Abb. 19). Das Wasser wird aus vierzig bis 150 Meter tiefen Brunnen gewonnen und versorgt neben Stellingen die Stadtteile Lokstedt, Hoheluft und Eppendorf. Wir können uns nun auf den Nachhauseweg machen und zur nächstgelegenen U-Bahn-Station Hagendeel gehen oder aber den Ausflug noch einmal verlängern. Dazu kehren wir auf die Straße Deelwisch zurück und gehen weiter geradeaus unter der Güterumgehungsbahn hindurch bis zum Niendorfer Gehege. Zum folgenden Streckenabschnitt gibt es Tipps in der Fahrradtour durch Niendorf, Schnelsen und Eidelstedt.

19 GRUNDWASSERWERK STELLINGEN, 1937

CAFÉS / RESTAURANTS

die kleine konditorei
Warnstedtstraße 28-32
Langenfelder Damm 75
www.kleine-konditorei.com
→ *propere Bäckerei mit berühmten Eigenkreationen*

Restaurant Tao
Basselweg 73
www.restaurant-tao.de
→ *mongolische Spezialitäten im alten Stellinger Ratskeller*

LÄDEN

C-Form
Kieler Straße 399
www.c-form.de
→ *kurioses Kunstpflanzenangebot von der Topfblume bis zur Hightech-Bananenpflanze*

Cramer Möbel + Design
Kieler Straße 301
www.cramer-moebel.de
→ *Flagship-Store des Hamburger Designmöbelspezialisten auf 7000 Quadratmetern*

Kakao Kontor
Langenfelder Damm 42
www.kakao-kontor.de
→ *kleine Schokoladenmanufaktur, überraschende Kreationen*

Tube Künstlergroßmarkt
Randstraße 87
www.artservice-tube.de
→ *Künstler-, Grafik- und Designbedarf seit über vierzig Jahren*

HOTELS

Arcade Hostel Hamburg
Kieler Straße 385
www.arcade-hostel-hamburg.de
→ *Übernachten zum günstigen Hostel-Preis*

Campingplatz Buchholz
Kieler Straße 374
www.camping-buchholz.de
→ *Camping mitten in der Stadt*

das apartment
Tierparkallee 19 + 27
www.dasapartment-hamburg.de
→ *Apartments für lange und kurze Aufenthalte*

Hamburger Apartment & Gästehaus
Jutta Jesse
Basselweg 16
www.hamburger-gaestehaus.de
→ *sympathisches Apartmenthaus*

Hotel Motel One
Kieler Straße 171
www.motel-one.com
→ *Designhotel für Einsteiger*

Lindner Park-Hotel Hagenbeck
Hagenbeckstraße 150

www.lindner.de
→ *ein »Tierpark-Themenhotel« mit Restaurant im »Kolonialstil«*

FREIZEIT / SPORT

Air Hamburg
Kleine Bahnstraße 8
www.air-hamburg.de
→ *Rund- und Charterflüge, Schnupperflüge für Fluganfänger*

Curling-Club Hamburg e.V.
Hagenbeckstraße 132 A
www.curlingclubhamburg.com
→ *Curling im Sommer und im Winter – seit 1969*

Eisbahn Stellingen
Hagenbeckstraße 124
www.eisbahn-stellingen.de
→ *Eislaufen unterm Zeltdach – bei jedem Wetter*

rabatzz!
Kieler Straße 571
www.rabatzz.de
→ *Klettergerüste, Trampolin und Riesenrutsche – Hamburgs größter Indoorspielplatz*

Schwarzlichtviertel
Kieler Straße 571
www.schwarzlichtviertel.de
→ *Minigolf und andere Spiele bei schwarzem Licht*

Soccer in Hamburg
Kieler Straße 565
www.soccer-in-hamburg.de
→ *Fußballspielen über Bande – Hallenfußball auf Kunstrasen*

TSV Stellingen
Sportplatzring 47
www.tsv-stellingen.de
→ *Verein mit klassischem Breitensportangebot – seit 1888*

KULTUR

Bürger- und Heimatverein Stellingen von 1882 e.V.
Wittkoppel 29
www.bhv-stellingen.de
→ *Heimatverein mit Stadtteilarchiv*

SOZIALES / NON-PROFIT

»Boxschool« Verein für Gewaltprävention e.V.
Nieland 10
www.boxschool.de
→ *Antigewalt-Training für Schulen*

Das Haus für Jugend Kultur und Stadtteil Stellingen
Sportplatzring 71
www.hdj-stellingen.de
→ *offene Kinder- und Jugendarbeit mit Billard, Theater, Discos und Sommerferienprogramm*

NIENDORF, SCHNELSEN, EIDELSTEDT
(FAHRRADTOUR)

6

Niendorfer Gehege ★ Künstlerhaus Sootbörn ★ Doppeleiche ★ Kirche am Markt ★ Villa Bondenwald ★ Sassenhof ★ »Tisch mit 12 Stühlen« ★ Gasthof Ausspann ★ dänische Meilensteine ★ Poseidon Bad ★ Sola-Bona-Park ★ Eisenbahnersiedlung ★ Lohkampsiedlung

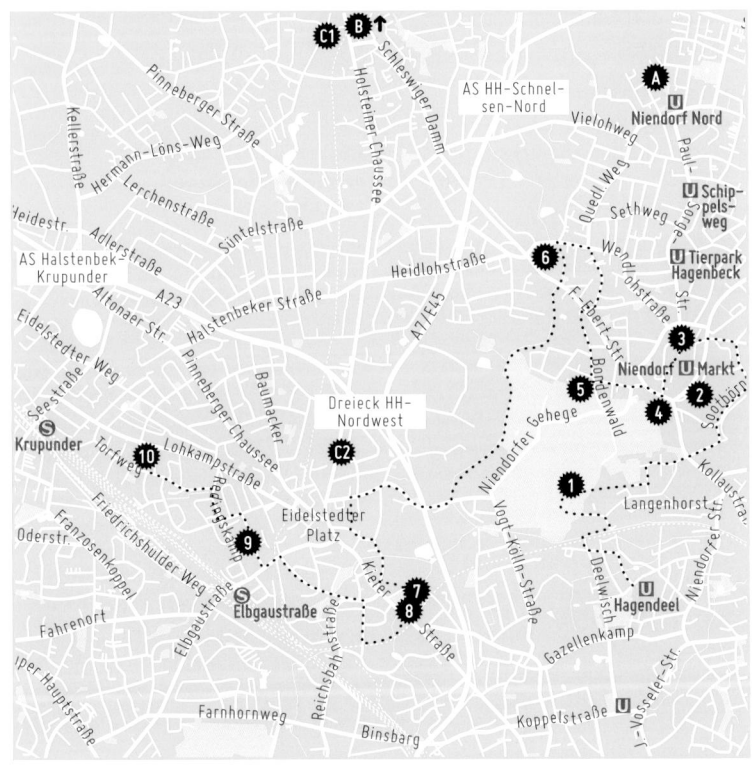

STARTPUNKT: U-Bahn-Station Hagendeel (U2)
ENDPUNKT: S-Bahn-Station Elbgaustraße (S21, S3)
DAUER: etwa 2,5 Stunden

Die bis an die Stadtgrenze Hamburgs reichenden Stadtteile Niendorf, Schnelsen und Eidelstedt waren bis in die 1920er Jahre kleine Bauerndörfer. Zwischen den wenigen Höfen lagen weitläufige Moor- und Heidelandschaften. Die landwirtschaftliche Vergangenheit ist nur noch in kleinen Spuren zurückzuverfolgen und bis auf wenige Überreste nicht mehr erhalten. Geprägt werden die Stadtteile heute überwiegend durch Einfamilienhäuser und Siedlungen aus der Nachkriegszeit (Abb. 1). Nur Niendorf weist einen größeren Bestand an Häusern der Jahrhundertwende auf.

Unsere Tour beginnt an der Haltestelle Hagendeel, führt über das Niendorfer Gehege nach Niendorf, streift Schnelsen und geht über den Kollauwanderweg weiter nach Eidelstedt. Da größere Entfernungen zurückgelegt werden, empfiehlt sich ein regelmäßiger Blick auf die Karte und die Mitnahme eines Fahrrads. Die Route führt – bis auf den Abstecher über die Holsteiner Chaussee – überwiegend durch grüne Gebiete.

Der Weg zur ersten Station im nahegelegenen Niendorfer Gehege führt von der U-Bahn-Haltestelle Hagendeel die Straße Liethwisch entlang und dann links in den Baarkamp. Danach geht es rechts unter der Güterumgehungsbahn hindurch, über

1 LUFTAUFNAHME VON EIDELSTEDT

die Kollau hinweg und rechts um den Kleingartenverein herum ins Niendorfer Gehege. An der Schmiedekoppel nehmen wir den linken Weg und biegen bei der nächsten Möglichkeit rechts ab, wo wir auf ein unsaniertes Landhaus stoßen, die Villa Mutzenbecher.

1 NIENDORFER GEHEGE

Obwohl das Niendorfer Gehege inzwischen als Einheit wahrgenommen wird, setzt sich das 142 Hektar große Gelände (etwa die gleiche Fläche wie die Hafencity) historisch aus drei Teilen zusammen: aus dem »Grafen- oder Königsgehege« des herrschaftlich Pinnebergischen Waldes, aus dem während der Landverkoppelung von 1789 entstandenen Bauernwald (= Bondenwald) und aus privaten Gärten und Parks der Landhäuser und Sommersitze reicher Hamburger.

Das ungefähr seit 1590 von Pinneberg verwaltete »Königliche Gehege« nahm rund ein Drittel des südlichen Teils des heutigen Geheges ein, im Norden wurde es durch den ehemaligen Eidelstedter Kirchenweg begrenzt. Die vier umliegenden Dörfer Niendorf, Eidelstedt, Lokstedt und Stellingen hatten jeweils einen unterschiedlich großen Anteil an dem Gebiet. Doch die Waldungen waren unbeliebt, denn sie brachten den Gemeinden nur zusätzliche Arbeit wie die Pflege der Wege, Hecken und Gräben ein – hinzu kam die Bestattung mittelloser Selbstmörder auf Gemeindekosten. Niemand erhob Einspruch, als 1873 das Gelände vollständig an Niendorf fiel.

Der nördliche Forst gehörte zum gemeinsamen Besitz (einer sogenannten Allmende) der Niendorfer Bauern. Einen Teil des Hartholzes wie Eichen und Buchen erwarben die Bauern 1742 käuflich vom dänischen König. Ihr Ziel war es, dem Wald möglichst viele Acker- und Weideflächen abzuringen. Bei der Verkoppelung 1789 wurde deshalb die »Bondenholz-Klausel« erlassen, die von den Bauern mit Forstbesitz verlangte, den Wald zu schonen und nicht unnötigerweise Bäume zu fällen. Bis 1945 hatte die Erhaltung des Waldes Bestand, erst dann fielen einige Teile der Not zum

Opfer, als sich die Hamburger Bevölkerung im ersten Nachkriegswinter mangels Hilfe von offizieller Seite eigenhändig Brennmaterial beschaffen musste.

Seit Mitte des 19. Jahrhunderts zogen vermögende Hamburger in das Niendorfer Gehölz und ließen repräsentative Landhäuser mit Nebengebäuden und Waldparks errichten. Zeitweilig standen knapp fünfzehn Wohngebäude im Gehege. Protagonisten der Bautätigkeit waren die Familien Berenberg-Gossler, Bolten, Merck, Puls (vgl. Bondenwald-Villa, S. 168) und Mutzenbecher. Hermann Franz Matthias Mutzenbecher (1855–1932), der Generaldirektor und Gründer unter anderem der Albingia- und der Hamburg-Mannheimer Versicherung, erwarb 1912 sogar den königlichen Besitz des Waldes. Die Mutzenbecher-Villa besteht bis heute, sie ist 250 Meter von der Straße Bondenwald entfernt und von dichtem Wald umgeben (Abb. 2). Das Haus wurde 1955 von der Stadt Hamburg gekauft, anschließend ging es in den Besitz der SAGA über, wurde in verschiedene Mieteinheiten aufgeteilt und wie viele andere Häuser im Gehege stark vernachlässigt. Bis jetzt ist für das unter Denkmalschutz stehende, sanierungsbedürftige Gebäude noch keine zukunftsweisende Lösung gefunden.

Weitere Relikte aus dieser Zeit sind eine doppelreihige Hainbuchenallee und einige große Rhododendrongruppen an der Straße Bondenwald als Teil des Gossler-Parks sowie die Findlinge in der Nähe des Spielplatzes. Sie gehörten dem Direktor der Hamburg-Amerika-Linie, Johann Theodor Merck, der sie als Gegenwert für

2 VILLA MUTZENBECHER

160

ein Darlehen, das er der Stadt zum U-Bahn-Bau unter der Mönckeberg-straße gewährte, verlangt hatte. Die größten der während des Tunnelbaus ausgegrabenen Steine stellte er in seiner Privatwaldung aus.

1948 begann der Erwerb der Privatgrundstücke durch die Stadt Hamburg. Sie sollten zu einem Erholungswald für die Bevölkerung zusammengeführt werden. Das zuständige Forstamt wurde mit der Durchforstung des Waldgebiets beauftragt und legte zwischen 1955 und 1957 7,8 Kilometer Wanderwege an, pflanzte 9000 Buchen und Eichen, 3000 Eschen sowie 9800 Nadelbäume und stellte dreißig Sitzbänke und dreißig Papierkörbe auf. Mittlerweile ist das Wegenetz erheblich erweitert und mit den beiden Waldspielplätzen, dem Ponyhof, dem Café, dem Hundeauslaufgebiet und dem Damwildgehege als Naherholungsgebiet für die Hamburger unersetzlich geworden.

Unser Weg führt an der Veranda der Villa vorbei geradeaus weiter Richtung Westen. Hier können wir verschiedene Waldwege nutzen. Wenn wir die Himmelsrichtung einhalten, stoßen wir zwangsläufig auf die Kollaustraße. Wir überqueren die Straße und gelangen entweder rechts oder links – je nachdem, auf welcher Höhe wir auf die Kollaustraße stoßen – in den Vogt-Cordes-Damm und anschließend links in die Straße Sootbörn.

2 KÜNSTLERHAUS SOOTBÖRN E.V., SOOTBÖRN 22

Die ehemalige Mittelschule am Sootbörn wurde von den drei preußischen Landgemeinden Niendorf, Lokstedt und Schnelsen gemeinsam realisiert. 96 Wettbewerbsarbeiten gingen für das ehrgeizige, in Konkurrenz zu Hamburg stehende Vorhaben ein. Den ersten Preis erhielten die Gebrüder Langloh für ihren Entwurf eines konventionellen klinkerverblendeten Gebäudes mit Walmdach. Im Laufe der Planungen gelang es Ernst und Wilhelm Langloh jedoch, den Gemeindeausschuss von einem moderneren, weiß verputzen Entwurf, genannt »Gegenwart«, mit Flachdach und großen Fensterflächen zu überzeugen. 1926/27 wurde der zweiflügelige Bau in Skelettbauweise aus Eisenbeton errichtet. Die langgestreckte

3 EHEMALIGE OBERSCHULE LOKSTEDT, 1931

dreigeschossige Putzfassade wurde durch horizontale Fensterbänder und größere schwarze Fensterflächen über dem Mittelteil gegliedert (Abb. 3). In ihrer Baumonografie äußern sich die Architekten dazu folgendermaßen: »Das Innere bedingt die Fenster. Die Fenster gestalten das Äußere der Bauform und beeinflussen die Raumstimmungen.« Die Seitenfronten zeigten die für das Neue Bauen so typischen über Eck stehenden Fenster. Dort sollten in einem zweiten, nicht mehr ausgeführten Bauabschnitt weitere Klassenräume entstehen.

Die Flügel mit den Klassenzimmern waren getrennt nach Jungen und Mädchen, in der Mitte befanden sich gemeinschaftlich genutzte Räume: unten der Fest- und Singsaal (Abb. 4), im ersten Obergeschoss zwei Zeichensäle (Abb. 5), darüber Plattformen für Himmelskunde, die auch als Raum für Freiluftunterricht genutzt werden konnten, im Dachgeschoss eine Bibliothek und als Klassenraumreserve angelegte Ausstellungsräume. Das Schulleiterzimmer sowie die Lehrerzimmer lagen im Erdgeschoss der Seitenflügel.

Die von den Architekten des Neuen Bauens angestrebten Akzente wurden nicht nur – wie heute wegen der vielen Schwarz-Weiß-Fotos irrtümlicherweise oft angenommen – durch Schwarz-Weiß-Kontraste

4 EHEMALIGE OBERSCHULE LOKSTEDT, AULA, 1931

hervorgerufen, sondern auch durch den Einsatz von leuchtenden, klaren Farben. Wie nach der Sanierung inzwischen wieder zu sehen ist, waren die Eingangsportale und Loggienpfeiler blau und die Türen in der Eingangshalle dunkelrot gestrichen. Die zum Teil in Gelb gehaltenen Wände wurden durch Opakglasstreifen und polierte Kunststeine belebt. Für die Wand- und Farbgestaltung des Inneren war der Hamburger Dekorationsmaler Walter Wahlstedt (1898–1972) verantwortlich.

Die Architekten selbst empfanden ihren Schulbau – »umgeben von nordischem Grünflach« – als »Kampfruf«. In der Öffentlichkeit stieß das Gebäude zum einen wegen der gegenüber der Planung verdoppelten Baukosten und der fabrikähnlichen Architektur auf Ablehnung, andererseits war man aber auch stolz auf so viel Modernität in der »Provinz«.

Die Nähe zum Flughafen wurde dem Gebäude allerdings zum Verhängnis. Steigende Lärmbelastung und der Bau einer zweiten Startbahn machten es notwendig, die Schule schrittweise auszulagern, bis das Gymnasium Bondenwald als Nachfolgebau 1960/61 eröffnet wurde. Ein Jahr später mussten die beiden oberen Stockwerke abgetragen und das verbleibende Geschoss mit einem Flachdach geschlossen werden, denn die Schule ragte in die Flugschneise hinein und gefährdete so die Flugsicherheit. Das verstümmelte Gebäude wurde zwischenzeitlich als Schulmöbellager genutzt, bis es nach langen Verhandlungen dem Künstlerhaus Sootbörn e.V. 1992 als Atelier- und Ausstellungshaus zugeführt wurde. Seitdem sind in dem denkmalgerecht sanierten Gebäude vierzehn Ateliers und seit 2003 auch das »Forum für Nachlässe von Künstlerinnen und Künstlern« untergebracht. Mehrmals im Jahr werden von den Künstlern spartenübergreifende Ausstellungen kuratiert.

Wir gehen ein paar Meter zurück und fahren den Sootbörn am Flughafen entlang. Vom erhöhten Fahrradweg aus hat man hier einen tollen Blick auf

5 ZEICHENSAAL, 1931

die Start- und Landebahnen. Links geht es dann weiter in die Robert-Blum-Straße und anschließend links in die Straße Hainholz, dann über den Garstedter Weg hinweg in die Straße »Zum Markt«. Dort biegen wir halbrechts in die Fußgängerzone und gelangen zu einer geschichtsträchtigen Eiche.

3 DOPPELEICHE, TIBARG VOR NR. 52

Doppeleichen haben fast alle das gleiche Alter von 115 Jahren. Sie sind überwiegend in Schleswig-Holstein verbreitet und ein Symbol für die im Ripener Vertrag von 1460 festgelegte Zusammengehörigkeit der Herzogtümer Schleswig und Holstein. In diesem Vertrag findet sich die bekannte Formulierung »ewich tosamende ungedelt« zum ersten Mal. Seitdem diese Worte 1841 in einem Gedicht zitiert wurden, erlangten sie den Rang eines romantisch überhöhten Mythos und fanden besonders 1848 während der Erhebung der Herzogtümer Schleswig und Holstein gegen die dänische Herrschaft Verwendung. Doch die beiden Herzogtümer verloren den Krieg gegen den dänischen König. Zur 50-jährigen Wiederkehr der Erhebung setzte 1898 eine Welle des nationalen Stolzes ein. Als dauerhaftes Symbol der gewünschten Unteilbarkeit wurden nun Doppeleichen meist

6 NIENDORFER DOPPELEICHE MIT GEDENKSTEIN, 1909

zusammen mit einem Gedenkstein aufgestellt. Für den besonderen Wuchs einer Doppeleiche werden zwei junge Eichen in dasselbe Pflanzloch gepflanzt und an einer Stammstelle zusammengebunden. So entsteht ein zweigeteilter Hauptstamm mit einer gemeinsamen Krone. Ein Stamm verkörpert Schleswig, der andere Holstein. Doppeleichen waren nicht zuletzt deshalb äußerst beliebt, weil es sich mit ihnen auch kleinere Gemeinden leisten konnten, ein Denkmal zu errichten (Abb. 6). Die Doppeleiche in Niendorf steht am Tibarg in der Fußgängerzone, davor erinnert ein Gedenkstein mit den Jahreszahlen 1848–1898 und der Inschrift »Up ewig ungedeelt« an die Zusammengehörigkeit von Schleswig-Holstein.

Auch in Eidelstedt wurde, am Eidelstedter Platz, eine Doppeleiche mit Gedenkstein gesetzt. Die Doppeleiche von Schnelsen stand zwischen Frohmestraße 63 und der Autobahn, wurde allerdings für den Straßenausbau gefällt. Aus dem gleichen Grund musste auch Lokstedts Doppeleiche an der Kreuzung Vogt-Wells-Straße / Kollaustraße weichen. Insgesamt sind noch etwa hundert dieser Naturdenkmale in Schleswig-Holstein erhalten.

Nun geht es geradeaus weiter die Fußgängerzone herunter bis zum Wahrzeichen Niendorfs, der Kirche am Markt. Der Straßenname Tibarg lässt auf eine heilige germanische Stätte, den Thingberg, schließen.

 ## KIRCHE AM MARKT, NIENDORFER MARKTPLATZ 3 A

Bis die Niendorfer Kirche gebaut wurde, pilgerten sowohl die Niendorfer als auch die Bewohner der umliegenden Dörfer zum Kirchgang den langen Weg nach Eppendorf in die alte St.-Johannis-Kirche an der Alster. Die erste eigene Kirche für Niendorf wurde nach Plänen von Cay Dose und unter der Bauleitung von Heinrich Schmidt am 14. November 1770 eingeweiht. Als 1781 der Blitz in die Kirche einschlug, wurde noch im selben Jahr ein Blitzableiter angeschafft. Der oktogonale Zentralbau mit Mansarddach (Abb. 7 + 8) steht auf einem rechteckigen, zur Erbauungszeit als Gräberstätte dienenden Kirchhof. Zweihundert Jahre lang wurde der Kirchhof von einem Kranz aus 72 Lindenbäumen umsäumt, bis diese vor einigen Jahrzehnten aus Altersgründen gefällt werden mussten. Jede der acht Sei-

7 GRUNDRISS / 8 KIRCHE AM MARKT, 1938

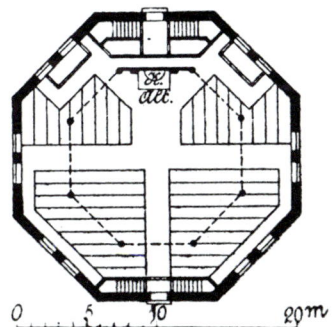

9 ALTAR UND KANZELKORB IN DER KIRCHE AM MARKT, 1997

ten des Backsteinrohbaus hat zwei Rundbogenfenster, an den beiden Por-
talseiten sind die Fenster entsprechend verkürzt. Die Portale tragen in der
Kämpferzone aus Sandstein jeweils die Jahreszahlen der Grundsteinlegung
und der Einweihung. Im Scheitelstein des Westportals ist das Monogramm
des Bauherrn und dänischen Königs Christian VII. eingemeißelt – »C7«.
Die Kartusche im Ostportal ist stark verwittert und stellt möglicherweise
ein Gotteslamm dar. Das pfannengedeckte Dach wird von einer kupfernen
Dachlaterne bekrönt. Im Innern wird das Kuppelgewölbe von acht schlanken Holzpfeilern gestützt. Auf dem Schlussstein der Kuppel ist das Auge
Gottes dargestellt. Die acht ovalen Dachgaubenfenster werden mit Stuck
im Stil des Rokoko umspielt (Abb. 10). An der besonders reich mit Pilastern
und Säulen verzierten Altarwand wird die Symmetrie des Gebäudeinne-
ren aufgegeben (Abb. 9). Dort befinden sich die Treppe zur umlaufenden
Empore und zwei kleinere, als Sakristei dienende Räume sowie die Orgel

in einer Nische oberhalb des Kanzelaltars. An dem typisch barock verkröpften Gebälk der Altarwand ist ein weiteres Königsmonogramm angebracht. Über dem modernen Marmoraltar von Hans Kock hängt der Kanzelkorb, dazwischen ein Gemälde mit einer Darstellung des Abendmahls im Stile Leonardo da Vincis. Die beiden 1783 aufgestellten Holzfiguren, links Moses mit Gesetzestafel und Stab und rechts Johannes der Evangelist mit Kelch, Bibel und Kreuz, stammen vom gleichen Bildhauer wie der schwebende Taufengel von 1785. Der Engel ersetzt einen nicht mehr vorhandenen Taufstein und kann für Taufen an

10 KUPPELGEWÖLBE DER KIRCHE, 1958

einer Winde heruntergelassen werden. Das Gestühl für 750 Besucher gehört wie der Kanzelaltar zur Originalausstattung. Die einzige Glocke, die früher im Turm hing, steht heute auf einem Sockel hinter der Kirche.

Im Unterschied zur katholischen Liturgie, bei der das Abendmahl einen vorrangigen Platz einnimmt, steht im protestantischen Gottesdienst die Predigt als Auslegung des Wortes Gottes im Mittelpunkt. Die architektonische Umsetzung dieser Gottesdienstordnung ist der Zentralbau ohne trennende, sichtbehindernde bauliche Elemente. Die achteckige Grundform ermöglicht der Gemeinde einen freien Blick und sorgt für eine ungestörte Akustik auf den Altar, der in der Niendorfer Kirche mit der darüber liegenden Kanzel eine Einheit bildet. Die Kirche entspricht dem für Norddeutschland gängigen Typus einer Predigtkirche. Optisch verwandte Kirchen finden sich in Hörnerkirchen bei Elmshorn und in Rellingen. Durch die Lage der Kirche am südlichen Rand des Dorfes und ihre

168

Ost-Westausrichtung ist es städteplanerisch nie ganz gelungen, sie an den Marktplatz und die Fußgängerzone anzubinden.

Gehen wir nun gegen den Uhrzeigersinn um die Kirche herum und nehmen den zweiten Weg rechts ab. Wir fahren zwischen einem Spielplatz und der Anna-Warburg-Schule hindurch, gelangen zu einem kleinen Teich und anschließend auf die Straße »Niendorfer Gehege«. Dort biegen wir rechts ein und dann in die Straße »Hollwören« gleich wieder links. Am Ende stoßen wir auf die Straße »Bondenwald« und links gegenüber auf die Einfahrt zum Gelände des »Seniorencentrums Elim«.

5 VILLA BONDENWALD, BONDENWALD 56

Der Weg führt rechts auf das frei zugängliche Gelände der Seniorenwohnanlage. Im hinteren Abschnitt stößt er auf eine Backsteinvilla mit weißen Sprossenfenstern und der Inschrift »Elim« (Abb. 11). Dort ist die »Stiftung Freie evangelische Gemeinde in Norddeutschland« mit der »Elim Diakonie« untergebracht. Ursprünglich war das Gebäude jedoch ein Einfamilienhaus mit Park, das der Bauherr Max Puls auf einer 2,7 Hektar großen Fläche für sich und seine Familie errichten ließ. Das von der Straße weit zurückversetzte Wohnhaus in der Mitte des schmalen Waldgrundstücks war zur Erbauungszeit das größte Wohngebäude im Bereich des Niendorfer Geheges und zur dauerhaften Bewohnung angelegt. Es ist ein stattliches Zeugnis dafür, wie das vermögende Hamburger Bürgertum das ländliche Umland für sich in Anspruch nahm. Die Villa ist im Stil der Reformarchitektur gebaut. Zugunsten einheitlicher Formen verzichtete der junge Altonaer Architekt Peter Saxen auf historistische Überladenheit und verspielte Details. Insgesamt kommt das Gebäude ohne Backsteinornamentik aus, einzig das Fugennetz der im märkischen Verband gesetzten Steine belebt die Fassade. An der Vorder- und Rückseite wird der zweigeschossige Backsteinbau lediglich durch einen Mittelrisalit akzentuiert. Augenfällig auf beiden Seiten ist jeweils ein sehr breiter und tiefer, von Säulen getragener geschwungener Balkon. Er überdacht den

11 VILLA BONDENWALD

Eingangs- und Terrassenbereich und ermöglichte der Familie, sich auch während eines Regenschauers auf der Terrasse aufzuhalten. Durch das tief heruntergezogene Walmdach an der Westseite wirkt die Gartenfassade eingeschossig und weniger repräsentativ als die Eingangsseite. An der rechten Terrassenwand – die Gebäuderückseite und der Park sind frei zugänglich – ließ der Bauherr das Relief einer vierspännigen Postkutsche in Fahrt anbringen. Es gibt Auskunft über den Beruf des Bauherrn, Max Puls war »Postpferdehalter«.

Im Innern bot sich ein großzügiges Raumangebot: Repräsentationsräume, Herrenzimmer, Wohnzimmer, Garderobe, Halle, gesonderter Dienstboteneingang mit eigener Dienstbotentreppe im Erdgeschoss, Rückzugsräume im Obergeschoss und eine Küche mit Speisenaufzug im Keller. Die Raumstruktur im Erdgeschoss ist zu großen Teilen erhalten, nur im Obergeschoss gab es starke Veränderungen, als das Haus 1957 vom Diakonissenhaus »Elim« übernommen und dreißig Zimmer für »Feierabendschwestern« (Schwestern im Ruhestand) und Wirtschaftsräume eingebaut wurden.

12 ZIERTEICH IM PARK DER VILLA BONDENWALD

Gartenarchitekt des Parks »Sonnenblick« war Erwin Barth, zur Bauzeit soeben zum Charlottenburger Gartendirektor ernannt. Passend zum Reformstil des Hauses ist auch der Park als Architekturgarten angelegt. Von der Terrasse mit Schmuckbeeten staffelt sich das Areal in drei rechtwinklig eingefassten Ebenen nach unten. Dort zieht sich die zentrale gerade Achse durch einen schlichten rechteckigen Zierteich (Abb. 12), der damals von schmalen Pflanzpartien umgeben war und heute von zahlreichen Fröschen besiedelt wird.

Der Weg führt zurück zur Straße »Bondenwald« und links herum weiter bis zu ihrem Ende. Dort überqueren wir die Friedrich-Ebert-Straße und fahren in den Hadermanns Weg hinein. Nach wenigen Metern zweigt links der Steendammswisch ab. An der Wendlohstraße biegen wir links ab und kommen zum Sassenhof.

6 SASSENHOF, SCHLESWIGER DAMM 1

Den besten Blick auf den alten Hof hat man von der Wendlohstraße. Der Sassenhof am Südostrand von Schnelsen war eine kleine, Mitte des 18. Jahrhunderts eingerichtete Bauernstelle. Sie ist neben dem Gut Wendlohe die ältere der beiden noch erhaltenen historischen Hofanlagen Schnelsens und macht die bäuerliche Vergangenheit und vorindustrielle Situation in den Dörfern besonders gut anschaulich. Mehrere Gebäude stehen locker verteilt um einen gepflasterten Hof. Die Grünflächen waren ursprünglich Weiden, und wo sich heute die Tannenpflanzung befindet, war einst ein Bauerngarten. Die großen Bäume in der Nähe der Häuser hatten die Funk-

13 REETGEDECKTES WOHNWIRTSCHAFTSGEBÄUDE (1745) MIT BACKSTEINANBAU (1912)

tion, vor Regen, Wind und Sonne zu schützen, und lieferten gegebenen-
falls auch Holzvorräte. Das Haupthaus besteht aus einem reetgedeckten
Wohnwirtschaftsgebäude (1745 errichtet) und einem späteren, um 1912
rechtwinklig zum Gie-
bel angebauten massiven
Wohnhaus (Abb.13). Mit
dem moderneren Wohn-
haus wurde der Hof gleichzeitig um ein eineinhalb-
geschossiges Backhaus
und ein freistehendes Toilettenhäuschen erweitert.
Ein weiteres reetgedecktes
Fachwerkhaus, die Durch-

14 GRUNDRISS DES HALLENHAUSES

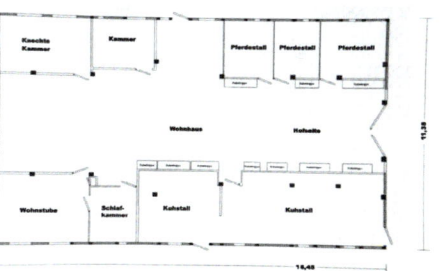

172

fahrtsscheune mit integriertem Wohntrakt für eine Familie, stammt aus dem ersten Viertel des 19. Jahrhunderts (Abb. 15). Wahrscheinlich wurde sie auf Initiative der dort seit 1806 ansässigen Familie Saß gebaut, die dem Hof auch den Namen gab.

Bei den Fachwerkbauten handelt es sich um eine in Norddeutschland häufig auftretende bäuerliche Häuserform, das niederdeutsche Hallenhaus (Abb. 14). Das tief heruntergezogene abgewalmte Reetdach wird nicht von den Außenwänden, sondern von zwei inneren vertikalen Holzbalken, den Ständern, getragen. Durch die Zweiständerkonstruktion entsteht im Innern ein langgestreckter dreischiffiger Innenraum. Der breitere Mittelteil zwischen den Ständern, Diele oder Halle genannt, war der Hauptwirtschaftsraum. Hier wurde die Ernte eingeholt, gedroschen, geflachst und die Tiere gefüttert. In den Seitenschiffen, den »Kübbungen«, waren die Tierställe untergebracht. Das 1745 errichtete Wohnwirtschaftsgebäude bot rechts Platz für sechs Pferde, links für zehn bis zwölf Kühe. An den geschlossenen Wänden zu den Tierställen sind noch heute die Futterkrippen angebracht. An den Wirtschaftsteil schloss sich übergangslos der Wohnbereich an. Direkt hinter den Kuhstallungen lag eine Schlafkammer, dann folgte die an die Hausrückwand grenzende Wohnstube. Auf

15 DURCHFAHRTSSCHEUNE

der Seite der Pferdeställe schliefen möglicherweise die Mägde, Knechte und Kinder in ihren »Butzen«. Im hinteren Drittel der durchgängigen Diele standen zwei offene Herde als Mittelpunkt des Wohnbereichs, genannt »Flett«. Die abstrahlende Herdwärme wurde über Lüftungsschlitze an den Innenwänden der Wohnstube in dieselbe geleitet. Erkennbar an den sichtbaren Rauchspuren befand sich über den beiden Herdstellen der Räucherplatz für Schinken und Würste. Im Dachstuhl waren ein oder zwei Böden für die Ernte- und Heulagerung eingezogen. Nach dem gleichen Prinzip, aber als Dreiständerbau, war die Durchfahrtsscheune angelegt. Das Kennzeichnende dieser Häuser ist ihre besonders dichte Funktionsmischung. Menschen und Tiere lebten unter demselben Dach zusammen. Die offene Raumaufteilung ermöglichte es dem Bauern und vor allen Dingen der Bäuerin, ständige Aufsicht und Kontrolle über die Mägde und Knechte sowie das Vieh zu halten. Im 19. Jahrhundert ging die allgemeine Entwicklung jedoch dahin, Wohnen und Arbeiten stärker zu trennen und das im Tagesablauf an Bedeutung gewinnende Wohnen komfortabler zu gestalten. In diesem Sinne entstand 1912 der Wohnanbau aus Backstein. Leider ist die ehemals vorhandene Verbindung der Hofstelle zum historischen Ortskern durch die Schnellstraße Schleswiger Damm gekappt.

 ABSTECHERROUTE

→ A GEDENKSTÄTTE »TISCH MIT 12 STÜHLEN« VON THOMAS SCHÜTTE, KURT-SCHILL-WEG

Um auf die überwiegend auf verkehrsreichen Straßen verlaufende Abstecherroute zu gelangen, geht es von der Wendlohstraße links in den Quedlinburger Weg, weiter auf der Nordalbingerstraße bis zur U-Bahn-Station Niendorf Nord. In der Verlängerung des Ausgangs steht auf einem Rasenstück die Gedenkstätte »Tisch mit 12 Stühlen«. Die Skulptur des Düsseldorfer Künstlers Thomas Schütte soll an den Widerstand gegen das NS-Regime erinnern. Das 1987 als »Kunst im öffentlichen Raum« aufgestellte Ensemble besteht aus einem ovalen Granittisch und zwölf backsteinernen Stühlen (Abb. 16). Elf Stühle stehen für elf von den Nationalsozialisten ermordete Widerstandskämpfer. Schilder mit ihren Namen sind an den getreppten Rückenlehnen angebracht. Der zwölfte Stuhl dient der persönlichen Erinnerung und hält eine Art Gebrauchsanweisung für die Gedenkstätte bereit. Der Besucher wird dazu aufgefordert, Platz zu neh-

16 GEDENKSTÄTTE »TISCH MIT 12 STÜHLEN« VON THOMAS SCHÜTTE

men und am Tisch sitzend der getöteten Widerstandskämpfer zu gedenken. Elf Straßen im Umkreis des Mahnmals wurden seit 1984 ebenfalls nach den Widerstandskämpfern benannt.

Weiter geht es auf der Abstecherroute geradeaus bis zu einem Feldweg, dem wir linksherum bis zum Vielohweg folgen. Dort biegen wir rechts ein, fahren geradeaus über die Autobahn und dann rechts in den Königskinderweg, von dort links in den Grothwisch und rechts in den Heketweg, der auf die Holsteiner Chaussee mündet.

→ B GASTHOF AUSSPANN, HOLSTEINER CHAUSSEE 428

Auf dem langen Weg von Kiel nach Hamburg oder Altona nutzten seit 1894 sowohl Bauern, die mit ihren voll beladenen Erntewagen auf dem Weg in die Stadt waren, als auch Reisende in der Kutsche den Gasthof Ausspann als Zwischenstation. Günstigerweise befand sich in unmittelbarer Nähe ein Schlagbaum und direkt gegenüber eines der dreizehn Häuser, an dem das Chausseegeld für die Altona-Kieler Chaussee bezahlt werden musste. Die Reisenden waren also sowieso zu einem Halt gezwungen. Der besondere Service des Gasthofs an der Holsteiner Chaussee war die Möglichkeit eines Ausspanns, das heißt, die Zugpferde konnten in der Scheunendurchfahrt ausgespannt, getränkt und gefüttert und bei Bedarf sogar gewechselt werden. Jeden einzelnen Gast begrüßte die Wirtin Emma Lüdemann mit Handschlag, und während die Kutscher und Fahrgäste warteten, wurden sie von Emma Lüdemann in der Wirtsstube mit Kaffee und Kuchen verköstigt. Mit dem Bau der Altonaer-Kaltenkirchener-Nordbahn wuchs der Bekanntheitsgrad des Gasthofes. Legendär soll das jährliche Sommerfest gewesen sein und die Tradition, dass die Wirtin den Zug mit einer roten Fahne stoppte und der Zugführer die zurückfahrenden Gäste persönlich am Tresen abholte. Alma Lüdemann, die älteste Tochter, übernahm den Betrieb 1927 und führte ihn bis in die 1970er Jahre

17 GASTHOF AUSSPANN VOR DER SANIERUNG, 1990

in Familientradition fort (Abb. 17). Nach einigen Jahren des Leerstands wurde der Gasthof 1994 in ein Hotel umgewandelt und beherbergt jetzt dreißig Zimmer und ein Restaurant. Auch die Tradition des Sommerfestes wurde wieder aufgenommen, es findet jedes Jahr Anfang September mit Live-Musik im Garten des Hotels statt.

Auf der Holsteiner Chaussee geht es nun etwa fünf Kilometer zurück nach Eidelstedt. Auf dem Weg begegnen uns zwei Details aus der Zeit, als die Straße noch die einzige Verbindung nach Kiel darstellte. Wer sich auskennt, kann die relativ monotone und viel befahrene Strecke über Ellerbek umfahren.

→ C 1 DÄNISCHER MEILENSTEIN, HOLSTEINER CHAUSSEE GEGENÜBER VON NR. 396 / C 2 DÄNISCHER MEILENSTEIN, HOLSTEINER CHAUSSEE 49

Vom Mittelalter bis in die Barockzeit wurde die Entfernung von einem Ort zum anderen in Tagesreisen angegeben. Die Umstellung auf Meilenangaben erfolgte in den dänischen Herzogtümern 1691. Die Meilenabstände wurden zunächst mit großen Steinhaufen markiert, bis König Frederik V. 1761 anordnete, die Hauptlandstraßen systematisch mit behauenen Meilensteinen auszustatten. Die ersten Meilensteine im

176 heutigen Schleswig-Holstein wurden 1832 beim Bau der Altona-Kieler Chaussee (vgl. Stellingen-Spaziergang) vom dänischen König Frederik VI. gesetzt, insgesamt 24 Stück. Die Entfernung zwischen den beiden Städten beträgt zwölf Meilen, das entspricht ungefähr 92,4 Kilometern. Der Nullpunkt befand sich in Altona an der Holstenstraße zwischen Gählerstraße und Paul-Roosen-Straße am damaligen Gählers Platz, in Kiel am Obelisken in der Hamburger Chaussee. Entlang dieser Strecke wurden an der Westseite der Chaussee abwechselnd zwölf Voll- und zwölf Halbmeilensteine aufgestellt. Nur der erste Halbmeilenstein an der Langenfelder Straße ging bei Straßenarbeiten verloren, alle anderen sind erhalten, und zwei von ihnen stehen auf Hamburger Stadtgebiet an der Holsteiner Chaussee 49 (Abb. 18) bzw. gegenüber von Nummer 396. Die Meilensteine in Form von Kegelstümpfen sind aus Granit und tragen das dänische Königsmonogramm sowie die Jahreszahl 1832. Auf den Seiten der Vollmeilensteine ist jeweils die Entfernung zum Ausgangspunkt und zum Zielort eingemeißelt. Sie sollen um 1800 vom königlich dänischen Hofbildhauer Johannes Wiedewelt gestaltet worden sein. Dieser aufwendige Meilensteintypus mit erhabenem Königsmonogramm diente als Symbol der Herrschaft Dänemarks, denn er wurde nur im Herzogtum Holstein verwendet, das seit 1815 zum Deutschen Bund gehörte. Im Landesteil Schleswig, der Dänemark bereits angeschlossen war, wurden einfachere Quadersteine oder Rundsäulen ohne Initialen aufgestellt. Die Meilensteine halfen zudem bei der korrekten Berechnung des Wegegelds. Deshalb wurden in unmittelbarer Nähe der meisten Meilensteine die sogenannten Chausseegeld-Wärterhäuschen aufgestellt, an denen die Straßengebühren entrichtet werden mussten. Ursprünglich waren die wichtigen Entfernungsmesser zum Schutz vor Pferden

18 DÄNISCHER VOLLMEILEN-STEIN VON 1832

und Viehherden mit einer niedrigen Weißdornhecke umgeben. Außer am Schnelsener Halbmeilenstein an der Holsteiner Chaussee gegenüber der Nummer 396, wo die Hecke nachträglich rekonstruiert wurde, sind sie nicht mehr erhalten. Etwa hundert Meter vor dem Eidelstedter Platz führt der Weg links in die Straße Rungwisch. Dort trifft die Abstecherroute wieder auf unsere Hauptstrecke.

OTTO-VERSAND

Werner Otto (1909–2011) eröffnete 1946 in einer Baracke in der Süntelstraße in Schnelsen eine kleine Schuhfabrik mit ungefähr zehn Schuhmachern. Er ließ überwiegend Holzpantoffeln und Zweischnaller produzieren. 1949 musste er das alte Unternehmen aufgrund mangelnder Rentabilität verkaufen und spezialisierte sich fortan auf den Versandhandel. Am Riekbornweg 2 gründete Otto eine neue Fabrik und beschäftigte dort nach kurzer Zeit fünfzig Mitarbeiter. Der

OTTO-KATALOG, 1952

erste handgeklebte Katalog in einer Auflage von 300 Stück wurde mit Schuhen aus dem Restbestand der Eigenfertigung und Zukäufen aus der Pfalz gefüllt, 28 Paar Schuhe auf 14 Seiten. 1951, im ersten gedruckten Katalog, bot der findige Unternehmer neben Schuhen auch Popelinemäntel, Trenchcoats und Aktentaschen an. 1952 zählte er bereits 150 Angestellte und zahlreiche Versandartikel mehr. Heute umfasst das Warensortiment rund 130 000 Artikel, und der dreimal im Jahr erscheinende Hauptkatalog hat mittlerweile eine Auflage von zehn Millionen Exemplaren. Der Firmenhauptsitz befindet sich inzwischen in Hamburg-Bramfeld.

WERNER OTTO ALS MODEL FÜR DEN »HERREN-POPELINEMANTEL« IM KATALOG VON 1951

Ohne den Abstecher über die Holsteiner Chaussee führt die Strecke die Wendlohstraße einige Meter zurück, bis rechts der John-Chretien-Wanderweg abzweigt. Wir folgen dem links durch das Niendorfer Gehege und rechts von einer Knicklandschaft und Feldern begrenzten Weg etwa dreieinhalb Kilometer und können die schöne und erholsame Umgebung für eine Pause nutzen. An der Straße Niendorfer Gehege geht es rechts herum weiter über die Autobahn und dann den Rungwisch entlang. Bei Nummer 8 A–B nehmen wir links den kleinen Durchgangsweg zur Eidelstedter Dorfstraße und fahren dort links hinein, an der Eidelstedter Kirche und der letzten reetgedeckten Bauernkate Eidelstedts (Haus Koyen) vorbei und bei Hausnummer 82 links in Richtung Eidelstedter Feldmark. Hier weiden zu manchen Zeiten noch Kühe. Umso überraschender ist es, dass nur wenige Meter entfernt der Verkehr auf der Kieler Straße und der Autobahn brandet. Gleich hinter der Brücke über die kleine Mühlenau fahren wir links herum und am Ende des Felds wieder rechts, wo wir auf den Olloweg und die Rückseite des Sola-Bona-Parks stoßen.

7 POSEIDON FREIBAD, OLLOWEG 51

Der Zugang zum Schwimmbad befindet sich am Olloweg. Die Straße wurde nach der alten Flurbezeichnung »Olloh« benannt, was so viel wie »alter Wald« bedeutet. Die Besonderheit des Freibads ist, dass es über zwei 50-Meter-Becken verfügt. Die beiden 1969 gebauten Becken sind der Mittelpunkt des SV Poseidon – des größten Schwimmvereins Norddeutschlands – und Veranstaltungsort für viele Wettkämpfe. Die Wasserballabteilung ist die erfolgreichste Sparte des Vereins und spielt seit Jahrzehnten erfolgreich in der 1. oder 2. Liga. Im Sommer, von Mai bis September, ist das Freibad auch öffentlich zugänglich und zusammen mit dem Nichtschwimmer- und Babybecken ebenso bei Familien mit Kindern sehr beliebt. Das Freibad grenzt direkt an die Südostseite des Parks.

19 DAS URSPRÜNGLICHE KURHAUS SOLA-BONA

8 SOLA-BONA-PARK, KIELER STRASSE 602

Das Gelände des heutigen Sola-Bona-Parks hatte im Laufe der Geschichte mehr als dreißig verschiedene Besitzer. Den Anfang machte 1739 Hans Hinrich Ernst Timm, der auf dem Gelände eine kleine Hofstelle errichtete. Der zweite Eigentümer, ein vom katholischen zum protestantischen Glauben übergetretener Pastor, eröffnete 1754 ein Ausflugslokal. Dem Pastor Johann Joseph Reichwaldt fehlten dafür zwar die nötigen finanziellen Mittel, aber der Scharlatan schaffte es schließlich, mehr oder weniger unbekannte Personen davon zu überzeugen, ihm Geld zu leihen. Um seine Integrität zu beweisen, ließ er den Spruch »Sola bona, quae honesta« (Gut ist allein, was anständig ist) über der Haustür anbringen. Doch geriet er wegen der auf seinem Gelände in Schäferinnentracht umherlaufenden Frauen in Verdacht, ein Bordell zu betreiben, und musste 1757 Konkurs anmelden. In der Zeit bis 1854 hatte Sola-Bona nun 22 verschiedene Besitzer, zumeist Kaufleute, die die Gastwirtschaft verpachteten und für sich selbst in den Sommermonaten ein paar Zimmer reservierten. 1854 übernahm der Mediziner und Pharmazeut Wilhelm Grabau Sola-Bona und eröffnete dort eine Wasserheilanstalt. Das Gasthaus ließ er zum Kurhaus umbauen (Abb. 19) und auf dem angrenzenden Feld ein Wohnhaus für sich errichten (heute Kindervilla, Kieler Straße 602, Abb. 20). Den Spruch des zwielichtigen Pastors übernahm er. Grabau entwickelte eine Wasserkur, das sogenannte Schroth'sche Heilverfahren. Zu dessen Regeln gehörte, dass die Kurgäste eine spezielle Diät einhalten mussten, nachts in nasse Tücher eingewickelt wurden und tagsüber viel Wasser aus den umliegenden Brunnen trinken sollten. Aber auch die Kuranstalt hatte nur mäßigen Erfolg. 1861 verkaufte Grabau den Besitz, und bereits 1871 wurde der Kurbetrieb eingestellt. Aus der Heilanstalt wurde ein Landsitz mit Villa, Palmenhaus, Wirtschafts- und Stallgebäuden für den Verleger Ferdinand Jacob Richter – dessen extravagantes Hobby das Halten eines lebenden Affens war. 1935 residierte die Allgemeine Ortskrankenkasse Stellingen in dem Gebäude, nach dem Zweiten Weltkrieg der Theaterdirektor Hanns Walter Sattler, und seit 1954 gehört das Gebäude der Freien und Hansestadt Hamburg. Ein besonders schöner Baum im Park ist eine freistehende ungefähr 350 Jahre alte Eiche. Der Umfang ihres Stamms beträgt mehr als fünf Meter, sie beschattet eine Bodenfläche von 1200 Quadratmetern.

Wir verlassen nun den Sola-Bona-Park am südlichen Ende stadteinwärts, queren die Kieler Straße und fahren geradeaus in einen Fuß- und Radweg entlang der Güterumgehungsbahn. Von dort biegen wir in den Bollweg rechts ein und passieren eine Altenwohnanlage mit parkähnlichem Garten, die 1955 von der Stiftung Dirck Koster-Testament errichtet wurde. Am Ende der Straße geht es links in die Reichsbahnstraße und rechts in den Furtweg. Den Abstieg vom Fahrrad lohnt die Grundschule am Ende des Furtwegs

20 KURHAUS SOLA-BONA, HEUTE KINDERVILLA

rechts, wo die leuchtend blauen Fugen des Klinkergebäudes von 1927 einen besonderen Blickfang bilden. An der Kreuzung fahren wir weiter nach links in die Elbgaustraße und dann rechts in den Haseldorfer Weg.

 9 EISENBAHNERSIEDLUNG, HASELDORFER WEG 2–36, 9–45, ELBGAU-STRASSE 84–92, REDINGSKAMP 2–4, MÄHLSTRASSE 2–6

Einen Blick lohnt auch die sogenannte Eisenbahner-siedlung (Abb. 21). Hier wurde zwischen 1923 und 1928 vom Eisenbahnbau-verein eigens für die zahl-reichen Bahnbediensteten, die überwiegend am Eidel-stedter Rangierbahnhof beschäftigt waren, neuer Wohnraum geschaffen. Die zweigeschossigen Mehrfamilienhäuser mit Zwei- und Dreizimmerwoh-nungen stehen unter Milieuschutz. Obwohl der nahe gelegene Verlade-bahnhof kriegstaktisch ein wichtiges Ziel gewesen sein muss, wurde er und somit auch die Eisenbahnersiedlung während des Zweiten Weltkriegs von direkten Bombenangriffen verschont. Die damaligen Bewohner mut-maßten, dass die Alliierten das Viertel möglicherweise wegen des Kon-zentrationslagers auf der anderen Seite des Elbgau-Bahnhofs und wegen der zahlreichen Fremdarbeiterlager in Stellingen und Eidelstedt schonten.

21 EISENBAHNERSIEDLUNG

Am Ende des Haseldorfer Wegs biegen wir links in die Straße Jaars-moor und rechts in den Redingskamp, von dem der Torfweg in die Loh-kampsiedlung führt.

10 LOHKAMPSIEDLUNG, TORFWEG

Die Lohkampsiedlung ist eine der ersten Kleinsiedlungen, die nach dem Zweiten Weltkrieg in Hamburg errichtet wurden. Von 1951 bis 1953 entstanden zwischen Lohkampstraße und dem Bahngelände auf noch teilweise sumpfigem Weideland 266 neue Siedlerstellen (Abb. 23). In vier Bauabschnitten wurden vier verschiedene Gebäudetypen mit unterschiedlichen Wohnungsgrößen erstellt. Die Breite der eingeschossigen Doppelhaushälften mit Satteldach variiert zwischen sieben und 9,2 Metern. Im ersten Bauabschnitt wurden die Häuser verputzt, in den folgenden verklinkert. Aufgrund der finanziell angespannten Lage der frühen Nachkriegszeit konnte die Wohnungsbaugesellschaft nur sehr sparsam wirtschaften und musste sogar auf eine Kanalisation verzichten. Die Häuser bekamen statt eines Bades lediglich eine Trockentoilette, das Abwasser wurde in hauseigene Sickergruben geleitet. Erst 1974 wurde der Anschluss an das neue Abwassersystem vollzogen, bis dahin hatten viele Bewohner allerdings Duschen und Wannen selbst eingebaut. Auch seitlich und im rückwärtigen Bereich der Grundstücke errichteten die Anwohner Garagen, Geräteschuppen oder Ställe, was zum Teil den Eindruck einer geschlossenen Zeile erweckt. Die Siedlung von Trautwein, Holst und Heiden entstand in Anlehnung an die Gartenstadtidee. Zu jeder Siedlerstelle gehörten etwa eintausend Quadratmeter Grundstück, die für einen Selbstversorger-Gar-

22 GEMEINSCHAFTSARBEIT IN DER LOHKAMPSIEDLUNG, 1950ER JAHRE

23 LOHKAMPSIEDLUNG, 1950ER JAHRE

ten gedacht waren. Als Starthilfe zur Urbarmachung erhielten die neuen Bewohner verschiedene Gartenwerkzeuge, eine Schubkarre, Bäume, Sträucher und vier Hühner und mussten nach dem Bezug auch die Straßen, Grünflächen und Gräben selbst anlegen (Abb. 22). Durch die hohe Eigenleistung konnten so die Preise für ein Haus mit zwischen 20 000 und 25 000 Mark niedrig gehalten werden. Auch heute noch werden die Gemeinschaftsanlagen von den Bewohnern selbst gepflegt – was zur Folge hatte, dass die Siedlergemeinschaft Lohkamp e.V. seit ihrem Bestehen mehr als dreißig Preise unter anderem in der Kategorie »Beste Eigenheimsiedlung« gewann. Neben dem technischen und äußerlichen Zustand der Häuser wurden auch Punkte für Gemeinschaftsaktivitäten wie Ausflüge und Feste vergeben.

Die nächsten S-Bahn-Stationen von hier sind Krupunder oder Elbgaustraße.

BARS / CLUBS

Edelfettwerk
Schnackenburgallee 202
www.edelfettwerk.de
→ *Clubensemble für elektronische Musik*
(Eidelstedt)

Piper's
Kollaustraße 144
→ *Cocktail-Bar mit Kim-Wilde-Postern im*
80er-Jahre-Stil (Niendorf)

CAFÉS / RESTAURANTS

A2 Weinstube
Paul-Sorge-Straße 16
www.a2-weinstube.de
→ *Brettljausen und Kasnockerln, öster-*
reichische Küche (Niendorf)

Brimborium
Frohmestraße 110
www.brimborium-restaurant.de
→ *junge, innovative Küche* (Niendorf)

Eiscafé Siebenhüner
Paul-Sorge-Straße 140
→ *beliebtes Eiscafé* (Niendorf)

Osteria Liguria
Kollaustraße 125
www.osteria-liguria.de
→ *tolles Essen und guter Service*
(Niendorf)

Montgomery Champs American Bar
Holsteiner Straße 402
www.champs-hamburg.de
→ *amerikanisches Restaurant im Diner-Stil*
(Schnelsen)

Pheree-Thai Restaurant
Oldesloer Straße 33
www.phereethai-schnelsen.de
→ *beliebtes Thai-Restaurant* (Schnelsen)

Restaurant Waldcafé Corell
Niendorfer Gehege 50
www.waldcafe-corell.de
→ *Ausflugsgaststätte im Blockhaus mit*
großer Außenterrasse (Niendorf)

LÄDEN

Bäckerei Hönig
Ordulfstraße 2
www.baeckerei-hoenig.de
→ *Bäcker mit dem Geschäftsprinzip »keine*
Hektik« (Niendorf)

Betonfiguren Christiane Weltzsch
Süntelstraße 61
www.betonfiguren-hanburg.de
→ *Menschen und Tiere aus Beton – für Haus*
und Garten (Schnelsen)

Buchhandlung Heymann
Eidelstedter Platz 1
www.heymann-buecher.de
→ *Filiale des freundlichen Filialisten*
(Eidelstedt)

Büchereck Niendorf Nord

Nordalbinger Weg 15
www.buechereckniendorf.de
→ *individuelle, inhabergeführte Buchhandlung* (Niendorf)

Frühstücksladen

Fangdieckstraße 20
www.fruehstuecksladen-eidelstedt.de
→ *Frühstück und alles für den Tag*
(Eidelstedt)

Ikea

Wunderbrunnen 1
www.ikea.com
→ *großer schwedischer Möbeldiscounter*
(Schnelsen)

Imkerei Jan Loppenthien

Brummerskamp 1
→ *Sonderabfüllungen, Verkauf von*
Ablegern und Völkern (Schnelsen)

Landkarten Büchereck

Lohkampstraße 6
www.land-karten.de
→ *Bücher, Landkarten, Weine* (Eidelstedt)

Schnelsener Büchereck

Glissmannweg 7
www.schnelsener-buechereck.
shop-asp.de /
→ *Stadtteilbuchhandlung in Schnelsen*

Wochenmarkt Alte Elbgaustraße

www.hamburger-wochenmaerkte.de
→ *mittwochs und samstags von 8.30 bis*
13 Uhr, freitags den ganzen Tag (Eidelstedt)

Wochenmarkt Quedlinburger Weg

www.hamburger-wochenmaerkte.de
→ *freitags von 8 bis 12 Uhr* (Niendorf)

Wochenmarkt Tibarg

www.hamburger-wochenmaerkte.de
→ *donnerstags und samstags von 8.30 bis*
13 Uhr (Niendorf)

Wochenmarkt Wählingsallee

www.hamburger-wochenmaerkte.de
→ *dienstags und freitags von 8.30 bis 13 Uhr*
(Schnelsen)

HOTELS

Hotel Restaurant Ausspann

Holsteiner Chaussee 428
www.hotel-ausspann.de
→ *Traditionsgasthaus, nach dem »Ausspann« der Pferde benannt* (Schnelsen)

Arena Hostel Hamburg

Fangdieckstraße 20
www.arena-hostel-hamburg.de
→ *günstige Unterkunft unweit von*
»Imtech-Arena« und »O2 World«
(Eidelstedt)

186

Ferienhaus Moi Huis
Brubekstraße 50
über www.fewo-direkt.de
→ *Ferienhaus am Stadtrand* (Eidelstedt)

Ökotel Hamburg
Holsteiner Chaussee 347
www.oekotel.de
→ *nach umweltverträglichen Gesichts-
punkten errichtetes Hotel* (Schnelsen)

Gästehaus Picklapp
Krögen 3
www.picklapp.de
→ *Apartmentvermietung für kurz oder
länger* (Eidelstedt)

Racket Inn
Königskinderweg 200
www.racketinn.de
→ *Hotel für Sportsfreunde* (Schnelsen)

Hotel zum Zeppelin
Frohmestraße 123–125
www.zumzeppelin.de
→ *von Graf Zeppelin persönlich auf seinen
Namen getauftes Hotel* (Schnelsen)

**Ferienwohnung »Zur inneren
Blume«**
Ubierweg 3
www.zurinnerenblume.de
→ *»Blumen sind das Lächeln der Erde«, lau-
tet hier das Motto* (Niendorf)

FREIZEIT / SPORT

**Hallenbad und Freibad
Bondenwald**
Friedrich-Ebert-Straße 71
www.baederland.de
→ *Badeanstalt mit asiatischer Saunaland-
schaft und japanischem Garten* (Niendorf)

Eidelstedter Sportverein von 1910 e.V.
Furtweg 53
www.sv-eidelstedt.de
→ *Breitensportverein in Eidelstedt*

Niendorfer Gehege
→ *Natur in der Großstadt: Wildgehege,
Hundeauslauf, Kinderspielplatz, Ponyhof*
(Niendorf)

Niendorfer Miniaturgolfclub e.V.
Burgunderweg 23
www.niendorfermc.de
→ *organisiertes Minigolfen* (Niendorf)

**Niendorfer Turn- und Sportverein
von 1919 e.V.**
Sachsenweg 78
www.niendorfer-tsv.de
→ *Breitensportverein mit dem Motto
»Fitness, Freizeit, Freunde«* (Niendorf)

On Stage
Kieler Straße 565
www.on-stage.de
→ *Tanzschule aller Stilrichtungen und
Fitnessstudio in einem* (Eidelstedt)

Poseidon Bad
Olloweg 51
www.poseidon-hamburg.de
➜ *Freibad des gleichnamigen Wassersport-*
vereins (Eidelstedt)

Tanzschule Heiko Stender
Tanzakademie
Tibarg 24
www.tanzschule-stender.de
➜ *klassische Tanzschule* (Niendorf)

Turn- und Sportverein Germania
Schnelsen von 1921 e.V.
Königskinderweg 67 A
www.germaniaschnelsenweb.de
➜ *Aikido bis Yoga im Traditionssportverein*
(Schnelsen)

KULTUR

Ambrella Figuren-
theater
Lohkampstraße 150
www.ambrella.de
➜ *Puppenspiel und Figurenbau*
(Eidelstedt)

Bücherhalle Eidelstedt
Alte Elbgaustraße 8 B/II, am Center

Bücherhalle Schnelsen
Wählingsallee 19

Bücherhalle Niendorf
Tibarg 41 (im Tibarg-Center)
www.buecherhallen.de

Forum Kollau
Verein für die Geschichte von Lokstedt,
Niendorf und Schnelsen e.V.
c/o Schule Bindfeldweg/Bindfeldweg 37
www.forum-kollau.de
➜ *Verein für die Erforschung und Vermitt-*
lung der Stadtteilgeschichte

Micaela Sauber
Vogt-Kölln-Straße 155
www.micaela-sauber.de
➜ *Märchen- und Geschichtenerzählerin*
(Eidelstedt)

Schnelsen Archiv
Suhmweg 13
www.schnelsenarchiv.de
➜ *aktives Stadtteilarchiv* (Schnelsen)

SOZIALES / NON-PROFIT

Freizeitzentrum
Schnelsen e.V.
Wählingsallee 16
www.fz-schnelsen.de
➜ *Bewegung, Computerhilfe, Sprachen und*
mehr (Schnelsen)

188 Eimsbüttel und Hoheluft-West

- Anne Adams: Fassaden und was dahinter steckt. Ein baugeschichtlicher Rundgang durch Eimsbüttel, Hamburg 1990.
- Helmut Alter / Fritz Lachmund / Monik Menze: Mein Eimsbüttel. Von der ländlichen Idylle zum großstädtischen Bezirk, Hamburg 1983.
- Sybille Baumbach u.a.: »Wo Wurzeln waren ...«. Juden in Hamburg-Eimsbüttel 1933 bis 1945, hrsg. von der Galerie Morgenland, Hamburg 1993.
- Christina Becker: Eimsbüttel von A–Z. Das Stadtteillexikon, Hamburg 2002.
- Sven Fritz: »... dass der alte Geist im ETV noch lebt.« Der Eimsbütteler Turnverband von der Gründung 1889 bis in die Nachkriegszeit, hrsg. vom Eimsbütteler Turnverband e.V., Hamburg 2010.
- Joachim Grabbe: Ein Stadtteil zum Verlieben. Ein Spaziergang durch Hamburg-Eimsbüttel und seine Geschichte, Erfurt 2008.
- Hermann Hipp: Das Haus der Malereigesellschaft Hamburg. Ein Wohnblock der Arbeiterbewegung, in: Massenwohnung und Eigenheim. Wohnungsbau und Wohnen in der Großstadt seit dem Ersten Weltkrieg, hrsg. von Axel Schildt und Arnold Sywottek, Frankfurt / Main u.a. 1988, S. 240–267.
- 100 Jahre Gymnasium Kaiser-Friedrich-Ufer. Schule, Stadtteil, Geschichte. Festschrift zum 100-jährigen Schuljubiläum, Hamburg 1992.
- Katharina Marut-Schröder: Eimsbüttel im Wandel in alten und neuen Bildern, Hamburg 1992.
- Helmut Müller: Hoheluft – Geschichte(n) eines Hamburger Stadtteils: Eine Chronik, hrsg. vom Freundeskreis Falkenried (Hafa), Hamburg 1989.
- Hakim Raffat: Der Eppendorfer Weg von Eimsbüttel bis Hoheluft, Hamburg 2009.
- Sielke Salomon: Eimsbüttler Facetten 1894–1994. Einblicke in 100 Jahre Stadtteilgeschichte, hrsg. von der Galerie Morgenland, Hamburg 1999.
- Sielke Salomon: »Eine städtebauliche Wiedergutmachung«. Bauen und Wohnen in Hamburg-Eimsbüttel 1950–1968, hrsg. von der Galerie Morgenland, Hamburg 2000.
- Helga Schmal: Eimsbüttel und Hoheluft-West, Hamburg 1996.
- Angela Schwarz: Die Vaterstädtische Stiftung in Hamburg in den Jahren von 1849 bis 1945, Hamburg 2007.
- Erich Staisch: Hamburg und sein Stadtverkehr. Vom Pferdeomnibus zur Stadtschnellbahn. Eine 150-jährige Fahrt durch Hamburg, Hamburg 1989.
- Stationen Hamburger Architektur. Die Hochbahn setzt Zeichen. Seit 100 Jahren, hrsg. von der Hamburger Hochbahn AG, verantwortlich: Frank Moldrings, Text: Friedhelm Grundmann, Hamburg 2008.
- St. Bonifatius in Hamburg-Eimsbüttel, hrsg. von der Denkmalpflege Hamburg, Hamburg 1998.

Stellingen

- Matthias Gretzschel / Klaus Gille: Hagenbeck, ein zoologisches Paradies. Hundert Jahre Tierpark in Stellingen, Bremen 2009.
- Reinhold Hübbe: Stellinger Chronik. Der Weg der Gemeinde Stellingen vom holsteinischen Bauerndorf zum hamburgischen Großstadt-Vorort, hrsg. vom Bürger- und Heimatverein Stellingen, Hamburg 1988.
- Peter Rickers: Hamburg-Stellingen 1937 bis 2000 (= Reihe Archivbilder), Erfurt 2010.
- Anke Schulz: Hamburger Zwangsarbeiterlager in der Lederstraße 1939–1945, Aachen 2010.
- Stellingen-Langenfelde – wat hest du di verennert, hrsg. vom Bürger- und Heimatverein Stellingen e.V. 1882, Hamburg 1992.

Lokstedt

- Ursula Aldag: Lokstedt im Wandel eines Jahrhunderts. Erinnerungen in Wort und Bild, Barmstedt 1996.
- Horst Grigat: Hamburg-Lokstedt. Von der Steinzeit bis zum Jahre 2000. Eine Sammlung historischer Berichte und Bilder, Hamburg 1999.
- Adolph Hansen / Rudolf Sottorf: Die Kollauer Chronik, 3 Bde., Lokstedt 1922 – Hamburg-Stellingen 1938.
- Helene Koden: Unvergessenes Dorf Lokstedt. Betrachtungen, Impressionen, Erinnerungen, Hamburg 2005.
- Susanne Lohmeyer: Bauhausarchitektur in Lokstedt? Die Siedlung Julius-Vosseler-Straße, Vizelinstraße, Beethovenallee, Repgowstieg aus dem Jahr 1931, hrsg. von der Galerie Morgenland / Geschichtswerkstatt Eimsbüttel, Hamburg 2008.
- Lokstedt ist mehr als Lokstedt. Texte von Hubert Fichte, zusammengestellt von Jan-Frederik Bandel (Teil 1), in: Neue Rundschau 1 / 2010: Prosa Leipzig, hrsg. von Michael Lentz.
- Ingrid Alexandra Schubert: Der Amsinck-Park in Lokstedt. Ein Garten- und Landschaftsprojekt des späten neunzehnten Jahrhunderts, Hamburg 2005.

Niendorf

- Jürgen Frantz: Lokstedt – Niendorf – Schnelsen. Drei preußische Landgemeinden werden Hamburger Stadtteile, Hamburg 2012.
- Horst Grigat: Hamburg-Niendorf von der Steinzeit bis zur Gegenwart. Eine Sammlung historischer Berichte und Bilder, 2 Bde., Hamburg 1972.
- Horst Moldenhauer: Leben und Arbeiten in Hamburg-Niendorf, Erfurt 2009.
- Jan Schröter / Katharina Marut-Schröter: Niendorf, Lokstedt, Schnelsen im Wandel in alten und neuen Bildern, Hamburg 1992.
- Michael Voß: Niendorf – gestern und heute, 1985.
- www.forum-kollau.de

190   **Schnelsen**

• Wolfgang Burmester: Unser Schnelsen. Ein Bauerndorf in der Zeit 1347–1975, 2 Bde., Hamburg 2008.

• Wolfgang Burmester: Schnelsen, ein Verkehrszentrum besonderer Art, 1884–1995. Ein Beitrag zur Schnelsen-Geschichte, Norderstedt 1996.

• Wolfgang Burmester: Unser Schnelsen in alten und neuen Bildern 1898–1983, Hamburg 1983.

• Horst Grigat: Hamburg-Schnelsen. Von der Steinzeit bis zur Gegenwart. Eine Sammlung historischer Berichte und Bilder, Hamburg 1996.

• Horst Grigat: 4000 Jahre – Schnelsen, 600 Jahre. Eine Sammlung historischer Berichte und Bilder, Hamburg 1969.

• Neue Niendorfer und Schnelsener Rundschau. Mitteilungsblatt für Niendorf und Schnelsen, Hamburg 1967–1986.

• www.forum-kollau.de

• www.schnelsenarchiv.de

Eidelstedt

• Eidelstedt, du hest di bannig veraennert, 2 Bildbände, hrsg. von Anne Marie Hildebrandt, Hamburg 2001.

• Jochim Hinsch: Die Eidelstedter Chronik. Eine Ortsgeschichte nach amtlichem Material und mündlichen Ueberlieferungen, Stellingen-Langenfelde 1926.

• Otto Hintze: Geschichte von Eidelstedt, Hamburg 1965.

• Peter Jäger: Hamburg-Eidelstedt (= Reihe Archivbilder), Erfurt 2007.

• Peter Jäger: Auf den Spuren der Eidelstedter Geschichte. Vom Mühlendorf zum Stadtteil Hamburgs, Hamburg 2000.

Einleitung Staatsarchiv Hamburg: S.5

Chronik Staatsarchiv Hamburg: S.9; Bildarchiv Preußischer Kulturbesitz / Germin: S. 10

Leute aus: Peter Rickers: Hamburg-Stellingen von 1937–2000, Erfurt 2010: S. 101 (Jörg Lemke); ARD / Thorsten Jander: S.99 (Evelyn Hamann); NDR / Thorsten Jander: S. 101 (Caren Miosga); Deutsches Filminstitut: S.102 (Douglas Sirk); Darren Jacklin: S. 102 (Smudo); NDR / Holde Schneider: S.99 (Jan Hofer); Ohnsorg-Archiv: S. 103 (Henry Vahl); Staatsarchiv Hamburg: S.101 (Marianne Ruaux); Universal Music / Mathias Bothor: S. 98 (Jan Delay)

Exkurse *Jüdisches Leben in Eimsbüttel* Institut für die Geschichte der Deutschen Juden: S.48; *Kino* Staatsarchiv Hamburg: S.37; *Milch- und Butterhandel* aus: Stellingen-Langenfelde – wat hest du di verennert, hrsg. vom Bürger- und Heimatverein Stellingen e.V. 1882, 1992: S.139; *Otto Versand* Otto Group: S. 177; *Straßenbahn* www.hamburg-bildarchiv.de: S.82; *Verkehr* Peter Rickers: Hamburg-Stellingen 1937–2000, 2010: S.144, 145

Eimsbüttel-Zentrum aus: Eimsbüttel und sein Hamburg-Haus, hrsg. vom Verein der Freunde des Hamburg-Hauses Eimsbüttel: Abb. 5, 22; aus: Hamburgs Vergangenheit und Gegenwart. Eine Sammlung von Ansichten, hrsg. von I. C. W. Wendt, 1896.: Abb. 19; aus: Helga-Maria Kühn: Die Kirchen der Hamburgischen Landeskirche, 1970: Abb. 17; aus: Sielke Salomon: Eine »städtebauliche Wiedergutmachung«: Bauen und Wohnen in Hamburg-Eimsbüttel 1950–1968, 2000: Abb. 11; aus: Helga Schmal: Eimsbüttel und Hoheluft-West, 1996: Abb. 20; Denkmalschutzamt Hamburg, Bildarchiv: Abb. 3, 4, 8, 10, 12, 14, 16, 18; Christian Morgenstern: Abb. 15; Staatsarchiv Hamburg: Abb. 1, 2, 6, 9, 21; www.hamburg-bildarchiv.de: Abb. 13; www.wikimedia.org: Abb. 7; www.wikimedia.org / Berita: 23

Eimsbüttel-Süd aus: Hamburg und seine Bauten 1929: Abb. 2; aus: Kunst und Kirche 1 / 1962: Abb. 12; Ansichtskarten-Versand: Abb. 15; Archiv Hamburger Hochbahn AG: Abb. 3–6; Denkmalschutzamt Hamburg, Bildarchiv: Abb. 7–11, 13, 16, 20, 21; Hamburgisches Architekturarchiv, Bestand Otto Rheinländer: Abb. 19; reichardt architekten: Abb. 17; Jochen Stüber Objektfotografie: Abb. 22; www.hamburg-bildarchiv.de: Abb. 1, 14; www.wikipedia.org / John N.: Abb. 18

Hoheluft-West aus: Hamburg und seine Bauten 1914 / Bd. 2: Abb. 4; aus: Hygiene und soziale Hygiene in Hamburg. Zur neunzigsten Versammlung der Deutschen Naturforscher und Ärzte in Hamburg im Jahre 1928, hrsg. von der Gesundheitsbehörde Hamburg, 1928: Abb. 20; Archiv Hamburger Hochbahn AG: Abb. 6, 7; Beiersdorf AG: Abb. 9–12, 14; Denkmalschutzamt Hamburg, Bildarchiv: Abb. 2, 3, 18; katholische Kirchengemeinde St. Bonifatius: Abb. 17; Karin Kuppig: Abb. 5, 8; Staatsarchiv Hamburg: Abb. 22; tesa SE: Abb. 13; www.hamburg-bildarchiv.de: Abb. 1, 15, 16, 19, 21

Lokstedt aus: Bauhaus Architektur in Lokstedt? Die Siedlung Julius-Vosseler-Straße / Vizelinstraße / Beethovenallee / Repgowstieg aus dem Jahr 1931, hrsg. von der Galerie Morgenland, 2008: Abb. 20, 21; aus: Hamburg und seine Bauten 1968: Abb. 12; aus: Hamburg und seine Bauten 1969 1984: Abb. 22, 23; aus: Adolph Hansen / Rudolf Sottorf: Die Kollauer Chronik, Band 2, 1929: Abb. 13–15; aus: Otto Hintze: Die niederländische und hamburgische Familie Amsinck. Theil 3.

KARIN KUPPIG absolvierte eine Berufsausbildung zur Fotografin und studierte Kunstgeschichte, Volkskunde und klassische Archäologie in Kiel und Hamburg. Sie arbeitet als Stadtführerin bei Stattreisen Hamburg e.V. und wohnt auf der Grenze zu Eimsbüttel.